BARMHERZIGE SCHWESTERN
25 Nonnen erzählen von Liebe, Leid und Leben

Originalausgabe, April 2011
© 2011 by Ankerherz Verlag GmbH, Hollenstedt

Herausgeberin: Kathrin Haller

Interviews: Kathrin Haller, Breisach
Fotografie: Andree Kaiser, Freiburg
Vorwort: Joachim Frank, Köln
Illustration: Sylvia Neuner, München
Lektorat: Stefan Krücken, Appel
Korrektorat: Wolfgang Sand, Landsberg
Gestaltung und Satz: Florin Preußler, München

Druck und Bindung: CPI – Clausen & Bosse, Leck
Printed in Germany

Bibliografische Information der Deutschen Bibliothek:
Die Deutsche Nationalbibliothek verzeichnet diese Publikation
in der Deutschen Nationalbibliografie; detaillierte
bibliografische Daten sind im Internet unter http://d-nb.de abrufbar.

Ankerherz Verlag GmbH, Hollenstedt
info@ankerherz.de
www.ankerherz.de

ISBN: 978-3-940138-07-1

KATHRIN HALLER · ANDREE KAISER

~

BARMHERZIGE SCHWESTERN

25 NONNEN ÜBER LIEBE, LEID UND LEBEN

BARMHERZIGE SCHWESTERN

Von Kathrin Haller (Gespräche) und Andree Kaiser (Fotografie)

HINTER STARKEN MAUERN

von Joachim Frank

D er neue Tag beginnt so, wie alle Tage hinter den schweren Mauern des ehemaligen Schlosses Heitersheim seit mehr als hundert Jahren beginnen, mit dem Morgengebet der »Barmherzigen Schwestern vom hl. Vinzenz von Paul«. Es ist kurz nach halb sieben an einem kalten Wintertag. Zur Laudes und der anschließenden Frühmesse kommen nach und nach 35 Schwestern in die neobarocke Saalkirche. Platz böte sie auch für die vierfache Zahl von Besuchern. Zwölf Bankreihen gibt es links, elf rechts des Mittelgangs. Das Knarren der Holzbänke ist das einzige Geräusch, das zu hören ist, neben leisem Räuspern und Hüsteln der Schwestern. 20 weitere von ihnen sitzen oben auf einer Empore an der westlichen Schmalseite der Kirche. Viele von ihnen wirken gebrechlich, zwei brauchen einen Rollstuhl. Eine Holzbalustrade versperrt ihnen die Sicht auf den Altar. Dafür können sie auf zwei großen Flachbildschirmen verfolgen, wie der Hausgeistliche die Messe zelebriert.

Hier in der Schlosskirche scheint es, als ob jede Unruhe, jede Störung an ihren Mauern abprallen müsste. Es ist ein Ort zum Durchatmen, zum Einschwingen auf einen eigenen Rhythmus des Lebens, ein Ort, um die Seele zu lüften. Eine Sehnsucht nach Ruhe und Einkehr, nach einer Oase inmitten einer hektischen Welt von facebook, Twitter und Blackberry treibt viele Zeitgenossen um – strapazierte Manager, Väter und Mütter im Elternstress, Menschen, die von Dauerkommunikation und modernem Multitasking geplagt sind. Auch deshalb rangieren Bücher, die vom Klosterleben handeln, weit vorne in den Bestsellerlisten. Besonders gern aufgesuchte Klöster erweitern ständig ihre

Gästehäuser, Angebote wie »Kloster auf Zeit« sind längst kein Geheimtipp mehr. Gebet und Gotteslob, orientiert an den Tageszeiten, sind Haltepunkte im Fluss der Stunden. Wer sich auf die Abläufe im klösterlichen Leben einlässt, der spürt auch: Es geht nicht darum, ständig etwas tun oder leisten zu müssen. Es genügt, einfach hier zu sein. Die »Barmherzigkeit«, die die Heitersheimer Schwestern in ihrem Ordensnamen tragen, liegt nicht allein in ihrem karitativen Tun, sondern auch – und heute vielleicht mehr denn je – in ihrer Präsenz, im stillen und diskreten Wachhalten der Ahnung von einem anderen Leben. Es tut gut, sich bei ihnen aufzuhalten. Während meines Theologiestudiums und auch danach habe ich immer wieder Zeit in Klöstern verbracht – zu Exerzitien, zu Einkehr- und Besinnungstagen, manchmal auch einfach nur für ein paar stille Tage. Ich verstehe, dass viele Menschen von der ganz eigenen Atmosphäre in Klöstern fasziniert sind.

Das Malteserschloss Heitersheim ist ein über Jahrhunderte gewachsener, immer wieder vergrößerter und veränderter Gebäudekomplex im Markgräflerland, umgeben von weiten, sanft gewellten Wiesen, Feldern und Weinbergen, im Osten erheben sich am Horizont die tiefen Wälder des Südschwarzwalds. Im 8. Jahrhundert wurde der Ort zum ersten Mal in Urkunden erwähnt; 1276 zog der Orden der Johanniter ein, im 16. Jahrhundert wurde das Schloss erbaut – Sitz der Großprioren des Malteserordens für Deutschland, die seit ihrer Erhebung zu Reichsfürsten 1548 zugleich Landesherren des Fürstentums Heitersheim waren. Nach der Säkularisation 1806 und dem Ende der Malteser-Fürstenherrschaft verfiel die Anlage. Fürsten- und Herrenhaus dienten den Heitersheimern, die bis heute das Malteserkreuz im Stadtwappen führen, als Steinbruch. 1893 dann ging das Areal an die Barmherzigen Schwestern vom heiligen Vinzenz von Paul.

Eine Kreisstraße führt direkt am Schlossgelände entlang. Von ihr aus gelangt man durch einen Torbogen in einem Wohnturm auf den Teil des Geländes, wo die Vinzentinerinnen leben. Der barocke Turm und die ehemalige Kanzlei, heute Haus St. Lazarus, sind in warmen Gelb-

und Rottönen gestrichen, die Fensterläden blau und grün. Über dem Eingang zum Haus Lazarus hängt zwischen zwei Heiligenfiguren das prächtige alte Wappen des Malteser-Großpriors. Auf der gegenüberliegenden nördlichen Seite, an der Stelle der ehemaligen Kornkammer, steht das 1900 errichtete Haus St. Ludwig. Normalerweise steht die Tür tagsüber bis nachmittags um fünf offen. Wenn nicht, müssen Besucher bei der Pfortenschwester klingeln. Das Haus St. Ludwig mit insgesamt drei Etagen und wuchtigem Dachgeschoss nimmt die barocke Formensprache auf, ist aber schlichter gehalten. Ursprünglich war es ein Krankenhaus und dient heute als Pflegeheim. St. Ludwig ist die letzte Heimat für etwa 80 Ordensfrauen, die dort von Mitschwestern sowie 30 externen Pflegekräften und anderen Mitarbeitern betreut werden. Diese Frauen haben ihr Leben in Krankenhäusern verbracht, in Operationssälen, im Dauereinsatz auf Stationen, in Heimen, Kindergärten, in Hospizen. Sie haben Gefangene besucht oder in der Dritten Welt Missionen mitaufgebaut. Jede von ihnen hat eine eigene Geschichte, und 27 Schwestern werden sie in diesem Buch erzählen. Nur noch drei der Heitersheimer Vinzentinerinnen sind jünger als 70, die älteste ist 97. Der Begriff »Alter« hat hier eine ganz andere Bedeutung als draußen in der Arbeitswelt, wo die Firmen schon die Mittfünfziger in den Vorruhestand schicken. Viele Schwestern haben mit 70 oder gar 80 Jahren noch einmal mit einer ganz neuen Tätigkeit begonnen.

Schwester Maria Imelda zum Beispiel, Jahrgang 1939. Sie ist eine der Jüngsten in der Ordensgemeinschaft. Ihr Leben lang hat sie mit Kindern gearbeitet, heute kümmert sie sich um ihre älteren Schwestern. Maria Imelda ist eine zierliche, aber drahtige Frau mit großen Augen und einer gesunden Gesichtsfarbe. In ihrer Freizeit beschäftigt sie sich mit Seiden- und Hinterglasmalerei; ihre Arbeiten schmücken die Flure, Treppenhäuser und Gemeinschaftsräume des Schwesternhauses. »Die geborene Seidenmalerin«, sagt Erwin Seifried, der Hausgeistliche, anerkennend. Ein Lob, das Maria Imelda sofort abwehrt. »Ach nein, ich will mich doch nicht … ähm … herausheben«, sagt sie, schaut zu

Boden und nestelt an ihrem Ordenskleid. Jeden Tag macht Maria Imelda ihren älteren Schwestern ein Angebot zur Beschäftigung und zum Zeitvertreib. Sie spielt mit ihnen, zeigt Filme, liest vor. »Es geht darum, Lebensqualität im Alter zu vermitteln«, sagt sie, »für manche ist das schon ein freundlicher Blick.« Von ihrem Herzenswunsch getrieben, der Arbeit mit Kindern, interessierte sich die damals 20-Jährige nach der Lektüre eines Buchs über den Ordensgründer Vinzenz von Paul für die Vinzentinerinnen. »Kommen Sie zu uns!«, warb die Noviziatsleiterin, die für den Ordensnachwuchs Zuständige. »Bei uns können Sie auch Ihre Ausbildung machen.« Und so sei es dann ja auch gewesen. Neun Monate dauerte das Postulat, eine Art Kandidatur vor der eigentlichen Aufnahme in den Orden. Diese erfolgte mit der »Einkleidung«, bei der die junge Vinzentinerin die Ordenstracht erhielt. Danach begann sie ein einjähriges »kanonisches Noviziat« mit strenger Klausur im Freiburger Mutterhaus des Ordens, möglichst ohne Außenkontakte. Es schlossen sich neun Monate praktisches Noviziat sowie zwei Monate Vorbereitung auf das Ordensgelübde an. Diese »erste Profess« wurde jährlich erneuert, ehe die Ordensfrau nach sechs Jahren ihre »Profess auf Lebenszeit« ablegte. Inhalt der Gelübde ist die Selbstverpflichtung auf die drei »evangelischen Räte«: Armut, Ehelosigkeit und Gehorsam. Sie basieren auf Wort und Weisung Jesu im Neuen Testament. Um die Wende vom 12. zum 13. Jahrhundert bekam die Trias der Gelübde rechtsverbindlichen Charakter. Sie ist bis heute Grundlage der religiösen Existenz in allen katholischen Orden. Die Kapitel dieses Buches sind nach ihnen benannt.

Das Ordenskleid der Vinzentinerinnen ist ein schlichtes schwarzes Gewand mit schmalem weißem Schleier. Der sah jahrhundertelang allerdings ganz anders aus: Bis 1964 trugen die Vinzentinerinnen eine gewaltige Kopfbedeckung aus weißem Leinen spazieren. Inspiriert von der Tracht französischer Landmädchen, gab es sie als ausladende runde Flügelhaube oder – wie bei den Heitersheimer Schwestern – in einer spitz zulaufenden Form. Sie konnten damals selbst am wenigsten dafür, aber mit ihrer Erscheinung verkörperten sie den Geist ihrer Kirche vor den Reformen des Zweiten Vatikanischen Konzils (1962 bis 1965): bedacht auf Habitus und Zeremoniell, gravitätisch und streng doktrinär bis zur Erstarrung. Im Alltag kann das Tragen der Flügelhaube kaum ein Vergnügen gewesen sein, was ältere Schwestern bestätigen: »Ständig dieses Einreiben mit Stärke, damit der Stoff stocksteif wurde. War das eine Prozedur!« – »Und versuchen Sie mit dem Ding mal, Auto zu fahren oder gar einzuparken!« Die Flügelhaube wurde schließlich zunächst von einem Schleier mit steifem Stirnband abgelöst, das die Haare komplett verdeckte. An dessen Stelle trat schließlich der lockere Schleier, den die Vinzentinerinnen heute tragen.

Eine andere Veränderung der reformbewegten 1960er-Jahre betraf die Namen der Schwestern. Zur Einkleidung tauschte die angehende Nonne nicht nur ihre bürgerliche Kleidung gegen die uniforme Ordenstracht, womit sie, für alle sichtbar, ihre Individualität in ein großes Ganzes eingehen ließ. Sie erhielt auch einen neuen Namen – als weiteres Zeichen für den Bruch mit der bisherigen Existenz. Der Ordensname signalisierte den Anfang eines neuen Lebens als »Braut Christi«. Den Vinzentinerinnen wurde es erst nach dem Konzil erlaubt, ihren Taufnamen beizubehalten oder sich ihren Ordensnamen selbst auszusuchen. Bis dahin war die Umbenennung obligatorisch. Der »Superior«, ein den Schwestern zugeteilter Priester in der Ordensleitung, wählte den Namen aus. Er hatte zu beachten, dass jeder Name im Orden nur einmal vorkommen durfte. Auf der Suche nach Alternativen stöberten die Oberen nicht nur vergessene frühchristliche Heilige auf, sondern ließen sich auch bedeutungsschwere Neuschöpfungen einfallen wie »Adoleta«, die »Herangewachsene, Gereifte«. Fromm sollten die Namen klingen, am liebsten griechisch oder lateinisch, aber auf jeden Fall altertümlich. Schwester Nadine? Oder Schwester Nadja? Gott, bewahre! Nein, lieber Tryphosa, Speranda, Pulcheria.

Als der Erfindungsreichtum nachließ, wurde wie bei den alten Römern einfach durchgezählt, oder es wurden reihum die Monatsnamen vergeben: Schwester Prima, Secunda, Tertia; Januaria, Februaria. Oder man stellte einem Namen noch die »Maria« voran, zu Ehren der Gottesmutter: Maria Aloisia, Maria Romana, Maria Salome. Flugs hatte die Liste verfügbarer Namen die doppelte Länge. Beliebt war es auch, Männernamen mit weiblichen Endungen zu versehen, was Kreationen wie Schwester Osmunda, Bertina, Ruperta oder Herwigis erklärt. In einigen Fällen machten sich die Oberen nicht einmal mehr diese Mühe. So findet sich unter den Heitersheimer Schwestern auch – Otto.

Den Schwestern ist ihr Name wichtig, als Ausdruck von Individualität und Persönlichkeit, wie bei jedem Menschen. Wehe derjenigen also, die mit einem Namen beglückt wurde, mit dem sie den Rest ihres Lebens hadern würde! »Wenn die mich Adam nennen oder Eulalia, dann trete ich gleich wieder aus«, habe sie sich insgeheim gesagt, erinnert sich Schwester Elisabeth, heute Oberin der Heitersheimer Schwestern. Ihre »Assistentin« (Stellvertreterin) Jordana fürchtete seinerzeit, dass sie wegen ihrer Herkunft mit »Nepomucena« beglückt werden könnte, der weiblichen Namensform des böhmischen Nationalheiligen Johannes Nepomuk. Für Schwester Gerlanda, die Generaloberin des Ordens, war vor allem eines wichtig: »Hoffentlich ein Name zum Aussprechen!« Schwester Maria Imelda wiederum fürchtete sich vor einem Männernamen. Nachdem ihr der erspart geblieben war, erkundigte sie sich, was es denn mit »Imelda« auf sich habe. Das sei die Patronin der Erstkommunikanten, erfuhr sie. »Bei meinem Faible für die Arbeit mit Kindern fand ich das passend. Ich habe meinen Namen gern, ich habe ihn lieben gelernt«, sagt die Schwester mit einem Lächeln.

Es ist später Vormittag geworden im Schloss Heitersheim. Auf den Pflegestationen mischt sich der für Krankenhäuser typische Geruch mit Essensduft. Es gibt keine Mahlzeiten für alle Schwestern gemeinsam. Je nach ihrer Pflegebedürftigkeit essen sie in kleinen Gruppen von fünf, sechs, sieben Schwestern in eigenen Speisezimmern. Die 20 noch tätigen Schwestern kommen um 12 Uhr im Erdgeschoss im Refektorium zusammen, einem kleinen Speisesaal. Sie sitzen nicht – wie in manchen Klöstern – an einer langen Tafel, sondern an Einzeltischen. Beim Essen darf gesprochen werden. Alle vier Wochen tauschen die Schwestern per Losentscheid ihre Plätze: damit jede einmal mit jeder redet, wie Schwester Elisabeth erklärt. Vor dem Essen singen sie und beten den »Angelus«, das klassische Mittagsgebet der katholischen Kirche. »Der Engel des Herrn brachte Maria die Botschaft.« Dass ausgerechnet bei diesen Worten das Telefon in der Ecke des mit dunklem Holz vertäfelten Raums klingelt, registrieren einige Schwestern mit leisem Schmunzeln.

Für Spaß und Humor haben die Heitersheimer Vinzentinerinnen offensichtlich etwas übrig: In einem der Flure hängen Fotos von der alljährlichen Fastnacht an der Wand. Der Vinzenzsaal, Versammlungsraum der Schwestern, ist bunt geschmückt. Die Schwestern selbst sind – dezent – kostümiert. Pfarrer Seifried trägt in Verkleidung einen Sketch vor. Das sei immer eine große Gaudi, erzählt der Geistliche mit weißem Haar und Vollbart, der in seiner Wohnung in einem Nebentrakt der Schlossanlage selbst getöpferte Flöten und allerlei ausgefallene, exotische Musikinstrumente sammelt. Auch einige der Schwestern, berichtet Seifried, hätten kabarettistisches Talent und gäben davon gern etwas zum Besten.

Das alles hört sich weniger nach freudloser Entsagung an, die manche womöglich spontan mit dem Begriff »Kloster« assoziieren, als nach intensiv gepflegter Gemeinschaft. Die Schwestern spielen zusammen, laden Referenten für Diavorträge ein, sehen gemeinsam fern. Zur Fußballweltmeisterschaft entpuppt sich so manche ehrwürdige Schwester als leidenschaftlicher Fan der deutschen Nationalmannschaft. Jeden Monat gibt es eine kleine Feier für jene Schwestern, die Geburts- oder Namenstag hatten. In der Advents- und Weihnachtszeit stehen in vielen Räumen selbstgestaltete Krippen. Und dann ist da auch noch die reisende Madonna: eine Marienfigur, die die Schwestern untereinander weitergeben und die jeweils eine Zeit lang bei einer von ihnen

»wohnt«. Die Räume für die Pflegebedürftigen im Haus St. Ludwig sehen aus wie Krankenzimmer sonst auch – nüchtern, zweckmäßig möbliert. Die tätigen Schwestern bewohnen individuell eingerichtete Zimmer. Im Haus Lazarus gibt es sogar eine Art Doppelapartment für zwei Schwestern, mit gemeinsamem Aufenthaltsraum und getrennten Schlafzimmern. Schwester Jordana, die Assistentin der Oberin, wohnt im barocken Torturm. Der quadratische, etwa 25 Quadratmeter große Raum mit Waschgelegenheit in einer flachen Nische ist mit hellen Möbeln ausgestattet. Jordanas Großnichten haben ihrer Großtante einen Wandkalender gebastelt. Die Fotos darauf zeigen zwei fröhliche Mädchen von acht und vier Jahren. Durch die Fenster nach Süden und Westen hat Schwester Jordana einen fantastischen Blick übers Land. Nach Norden schaut sie über den Innenhof auf das Haus St. Ludwig. »Damit ich weiß, wo ich mal hinkomme, wenn ich selber Pflege brauche«, sagt sie.

Ein Leben hinter Klostermauern lag ursprünglich nicht in der Intention des Ordensgründers, des 1581 geborenen französischen Priesters Vinzenz von Paul. Er wollte, dass sich die Schwestern den Armen und Bedürftigen auf den Straßen der Städte und Dörfer zuwenden. »Sie haben als Kloster nur die Häuser der Kranken und das Haus, in dem die Oberin wohnt, … als Kreuzgang die Straßen der Stadt, als Klausur den Gehorsam, weil sie nur zu den Kranken und zu den zu ihrem Dienst notwendigen Orten gehen sollten, als Gitter die Gottesfurcht, als Schleier die heilige Bescheidenheit. Sie sollen eine ständige Opfergabe für Gott sein mit allem, was sie sind, und mit ihrem Dienst an den Armen«, schrieb Vinzenz in einem Brief.

Im Lauf der Jahre machte er Konzessionen an die kirchlichen Gepflogenheiten, nicht zuletzt mit Blick auf die Approbation seiner Gemeinschaft durch die Obrigkeit. Er billigte eine von seiner Mitstreiterin Louise de Marillac (1591 bis 1660) verfasste Lebensordnung, eine Art Ordensregel. Er kreierte in Anlehnung an die Tracht französischer Landmädchen ein Ordensgewand und benannte die von Louise gegründete Gemeinschaft der »Filles de la Charité« (Töchter der Barmherzigkeit) in »Sœurs« (Schwestern) um. 1642 legten die ersten von ihnen ihre Gelübde ab. Diese hatten allerdings privaten Charakter und wurden jährlich erneuert. Somit unterlagen die Schwestern nicht dem kirchlichen Ordensrecht mit striktem Klausurgebot. Sie konnten ihre Häuser verlassen, um sich dem Dienst an Bettlern, Kranken, Gefangenen, Waisen und Versehrten zu widmen, von denen es als Folge des 30-Jährigen Krieges in Frankreich sehr viele gab.

Vinzenz von Paul war eine durch und durch außergewöhnliche Persönlichkeit. Der Bauernsohn brachte es zum Seelenführer mächtiger Adliger, zum Berater der französischen Krone und nach dem Tod König Ludwigs XIII. zum Mitglied im Staatsrat der Regentin Anna von Österreich. Vinzenz war oberster Seelsorger der französischen Galeerensklaven; er gründete nicht nur neue Orden für Frauen wie für Männer, sondern reformierte auch die Priesterausbildung. Dazu richtete er Seminare und Kollegien für den Klerikernachwuchs ein. Zu einer der bedeutendsten Gestalten in der katholischen Spiritualitätsgeschichte der Neuzeit wurde Vinzenz aber besonders durch die Erfindung und Organisation dessen, was wir heute unter dem Namen »Caritas« kennen: des sozialen Dienstes katholischer Laien. Die »Schwestern der Nächstenliebe« sind, so schreibt es die österreichische Vinzentinerin Pauline Thorer, tatsächlich so etwas wie der erste Caritasverein gewesen.

»Liebe handelt«, lautet eines der Leitworte des umtriebigen Priesters. »Hingabe an Gott« (ein anderes Motto des Vinzenz) hieß für ihn zugleich: Zuwendung zu den Menschen in ihren konkreten Nöten. »Lieben wir Gott, aber auf Kosten unserer Arme und im Schweiße unseres Angesichts.« Was für ihn selbst der Ausweg aus einer persönlichen Glaubenskrise in der Jugend geworden war, empfahl er auch den Menschen, mit denen er als Seelsorger zu tun hatte. Als Pfarrer im kleinen Dorf Châtillon-les-Dombes bei Lyon spürte er dabei zum einen, dass seine Botschaft von Gottes- und Nächstenliebe mehr Gehör fand, wenn sich seine Predigt auch in der Praxis bewährte. Zum anderen erkannte Vinzenz bei vielen Gläubigen eine große Offenheit für die Armenfürsorge. 1617 gründete er die »Confrérie des Dames de Charité« (Bruderschaft der Damen der Nächstenliebe), in der er wohlhabende hilfsbereite Frauen versammelte. Allerdings scheuten sich manche dieser Damen aus vornehmen Kreisen vor »niederen Tätigkeiten« – sie wollten nicht mit Kranken in Berührung kommen oder mit dem Suppentopf durch die Straßen laufen und schickten lieber ihre Dienstmädchen. Doch denen fehlte oft die innere Motivation zur Fürsorge an Armen und Kranken. Vinzenz fand eine pragmatische Lösung – mit entscheidender Hilfe von Louise de Marillac, die er 1624 oder 1625 kennen gelernt hatte. Sie nahm einfache junge Mädchen in ihr Haus in Paris auf, die sich aus religiösen Gründen und im Geist der Nächstenliebe dem Dienst an Notleidenden verschreiben wollten. Dies war im Jahr 1633 faktisch die Gründung der »Filles de la Charité«, aus denen die Vinzentinerinnen hervorgehen sollten.

Kirchen- und Frömmigkeitsgeschichte haben die zentrale Rolle Louise de Marillacs für Gründung, Aufbau und Entfaltung des Ordens lange Zeit nicht in gebührendem Maße gewürdigt. Während Vinzenz von Paul bereits 1737 heiliggesprochen wurde, war seiner Gefährtin diese Ehre erst 200 Jahre später – 1934 – beschieden. 1960 dann wurde Louise zur Schutzheiligen der christlichen Sozialarbeit erklärt, während der hl. Vinzenz von Papst Leo XIII. schon 1885 zum »Patron der Nächstenliebe« und aller karitativen Vereine erhoben worden war. Diese Wertschätzung im Nachklapp ist symptomatisch für ein Gefälle zwischen Männern und Frauen in der katholischen Kirche, egal ob es dabei um Ordensleute oder um Laien geht.

Dass die katholische Kirche bis heute keine Frauen zu Diakoninnen, Priesterinnen oder gar Bischöfinnen weiht, wird in der (Medien-)Öffentlichkeit meistens aus einem – im weitesten Sinne – frauenrechtlichen Blickwinkel kritisiert: als Benachteiligung, als verweigerte Gleichberechtigung. Es lohnt sich aber, einmal die Perspektive zu wechseln: Durch den Ausschluss der Frauen von den geistlichen Ämtern vergibt die Kirche einen unschätzbaren Reichtum – menschlich und geistlich. Nirgends ist das deutlicher zu erleben als in Frauenklöstern. Dort leben starke, gebildete, charismatische Frauen. Theologisch und spirituell haben sie mindestens so viel zu sagen wie die geistlichen Herren in Pfarrhäusern und bischöflichen Ordinariaten. Es sind Frauen, die in ihren Gemeinschaften alle Aufgaben uneingeschränkt übernehmen und ausfüllen, Leitungsfunktionen selbstverständlich eingeschlossen. Frauen wie die Oberin der Heitersheimer Vinzentinerinnen, die diese formelle Anrede zurückweist und schlicht entgegnet: »Ich bin Schwester Elisabeth.«

Solche Frauen nicht predigen hören zu können, sie bei der Messe in der Kirchenbank sitzen sehen zu müssen – das empfinde ich regelmäßig als unpassend, befremdlich und vor allem als Verlust für die Kirche. Ausgerechnet zur Feier der Liturgie, nach den Worten des Zweiten Vatikanischen Konzils »Quelle und Höhepunkt« allen kirchlichen Tuns müssen sich die ansonsten völlig autarken Frauengemeinschaften von außen einen Mann holen, den Priester. Die wenigsten älteren Schwestern, auch im Schloss Heitersheim, werden sich daran stoßen. Ihnen ist zeitlebens vermittelt worden, dass ihre Bestimmung der aufopferungsvolle Dienst sei – und das Hirtenamt Sache des Klerus. War das nicht immer so in der Kirche? Demut, Disziplin, Gehorsam bis zur Selbstaufgabe kennzeichnen die Biographien vieler Schwestern, die in Heitersheim ihren Lebensabend verbringen.

Umso erstaunlicher ist es, wie persönlich sie in diesem Buch aus ihrem Leben erzählen – so offen wie vielleicht nie zuvor. »Warum sollte sich überhaupt jemand dafür interessieren?«, hat Schwester Elisabeth mich bei einem Besuch verwundert gefragt. Ja, warum? Weil die Berichte der Ordensschwestern etwas ausstrahlen, wonach sich viele Menschen sehnen, ohne es womöglich je zu erreichen: Zufriedenheit trotz aller Widrigkeiten des Lebens, Dankbarkeit für alles Empfangene, eine innere Gewissheit, dass ihr Leben einen guten Ausgang nimmt. Gläubige Menschen nennen das Gottvertrauen.

Die Entwicklung der Vinzentinerinnen nach dem Tod ihrer Gründer ist verwirrend und kompliziert, wie häufig in der Geschichte der katholischen Orden. So nennen sich die Heitersheimer Schwestern zwar »Barmherzige Schwestern vom hl. Vinzenz von Paul«. Ihre Gründung zur Armen- und Krankenpflege im Geist des Ordenspatrons geht allerdings weder direkt auf Vinzenz noch auf Louise selbst zurück, sondern auf einen französischen Kardinal im 18. Jahrhundert. Der damals entstandene Ordenszweig heißt »Straßburger Kongregation«, weil sein Sitz seit 1827 die Stadt im Elsass ist. Von dort breitete sich der Orden nach Deutschland, Österreich, Slowenien, Ungarn und Bulgarien aus. 1846 folgten sechs Straßburger Schwestern einem Ruf aus dem Erzbistum Freiburg. Sie nahmen dort die Krankenpflege am Universitätsklinikum auf und gründeten in der Bischofsstadt ein Mutterhaus als Zentrale einer eigenen Ordensfiliale, der Freiburger Vinzentinerinnen.

Im 19. Jahrhundert erlebten die karitativ tätigen Orden den stärksten Aufschwung und regen Zulauf. Sie waren eine katholische Antwort auf die soziale Frage; nicht von ungefähr besann sich die Kirche dabei auf die Ideale des hl. Vinzenz von Paul. In Kliniken, Waisen- und Armenhäusern herrschten zu dieser Zeit oft katastrophale Verhältnisse. Mit den Schwestern hielt ein anderer Geist Einzug: Krankenpflege und soziale Fürsorge aus Liebe zum Nächsten; nicht verwahren, sondern umsorgen. Damit leisteten die Barmherzigen Schwestern und andere Ordensgemeinschaften über Jahrzehnte einen unschätzbaren Dienst für die Gesellschaft. Auch die Niederlassung der Freiburger Vinzentinerinnen in Heitersheim verdankt sich dem Bemühen, einem als Not erkannten Missstand abzuhelfen: der erbärmlichen Situation vieler junger Frauen am Ende des 19. Jahrhunderts. Der Orden befand, »die Zahl jener armen Geschöpfe, welche durch Verführung, Armut oder eigene Schuld in die Höhlen des Lasters getrieben« worden seien, habe »in erschreckender Weise« zugenommen. Diese Frauen sollten »bei stiller Arbeit und Gebet in der Abgeschiedenheit von der Welt wieder ein menschenwürdiges Dasein führen können«.

In dieser Zeit waren die Orden eine der wenigen Institutionen, wenn nicht die einzigen, in denen sich Frauen sozial engagieren konnten – im Hauptberuf gewissermaßen. Der Ordenseintritt verhieß eine gesicherte Tätigkeit, ein gesichertes – wenn auch kollektiviertes – Auskommen, eine respektable Stellung. »Den Schleier zu nehmen«, wie man die Entscheidung für das Leben im Kloster oder einem Orden nannte, das war für viele junge Frauen gleichbedeutend mit sozialem Aufstieg. Reich und berühmt konnten sie nicht werden, angesehen schon. Und sie konnten sich verdient machen. Viele nahmen dafür den Bruch mit ihren Familien und ihrem sozialen Umfeld in Kauf.

Heute ist die Situation anders. Nicht mehr die Bibel ist die Basislektüre für organisierten Verantwortungssinn, sondern das vielbändige Sozialgesetzbuch. Einerseits hat der Staat den Kirchen die Hoheit über die Sozialfürsorge abgenommen, andererseits haben die Kirchen selbst mit katholischem Caritasverband und evangelischem Diakonischem Werk gewaltige sozial-karitative Apparate aufgebaut. Damit sind die Orden nicht überflüssig geworden, aber speziell die tätigen Gemeinschaften haben in unseren Breiten ihre Wesensbestimmung eingebüßt. Keine junge Frau, die heute Kinder betreuen, sozial auffällige Jugendliche begleiten, in einem Krankenhaus oder medizinischen Dienst arbeiten oder alte Menschen pflegen möchte, muss deshalb in einen Orden gehen. Zumal deren Lebensform ein Anachronismus ist. Die »evangelischen Räte« zu leben – arm, ehelos und gehorsam –, das gilt nur noch den allerwenigsten als ratsam.

Ende 2009 lebten in Deutschland nur noch knapp 22 000 Ordensfrauen. In nicht einmal 20 Jahren hat sich ihre Zahl halbiert – eine prekäre Entwicklung, wenn man zusätzlich bedenkt, dass heute mehr als jede fünfte Ordensfrau älter als 65 Jahre ist. Und auf die 1 700 Klöster, Ordenshäuser und Konvente in Deutschland verteilten sich zuletzt gerade einmal 100 Novizinnen, konzentriert auf einige wenige Häuser. Auch die Zahl der Freiburger Vinzentinerinnen nimmt immer weiter ab. Auf dem Höhepunkt ihrer Entwicklung, Ende der 1930er-

Jahre, zählte die Freiburger Kongregation 1800 Schwestern. Heute sind es noch 200. Sie sind – man muss es so sagen – eine sterbende Gemeinschaft.

Was ist das für ein Gefühl, dem eigenen Verlöschen zuschauen zu müssen? Immerzu Abschied zu nehmen – von Mitschwestern; von Aufgaben, die der Orden nicht mehr wahrnehmen kann; von Einrichtungen, die geschlossen werden? »Wir hatten unsere Zeit. Wir waren wichtig. Das ist vorbei. So ist das eben«, sagt Schwester Jordana, Jahrgang 1934, die sich auf eine klare, unverblümte Sprache versteht. Sinngemäß zitiert sie ein Wort des hl. Vinzenz: »Wenn unsere Arbeit getan ist, schließen wir hinter uns die Tür, legen den Schlüssel unter die Fußmatte und gehen still von dannen.« Doch diese Abgeklärtheit mischt sich mit Wehmut. Schwester Elisabeth, Jahrgang 1942, ist vor wenigen Jahren erst aus Messkirch fortgegangen, wo sie für den Orden drei Jahrzehnte lang in einer Sozialstation gearbeitet hatte. »Mit mir war dort eine 150-jährige Tradition unseres Ordens beendet. Das war schon eigenartig.« Und auch die Freiburger Generaloberin, Schwester Gerlanda, bekennt, wie »schlimm« es für sie sei, ein Haus des Ordens aufgeben zu müssen.

Doch die Schwestern stemmen sich nicht gegen diese Entwicklung. Sie werben nicht offensiv um Nachwuchs, beschränken sich darauf, in ihren noch bestehenden Häusern und Einrichtungen »etwas von den Wurzeln zu vermitteln, aus denen wir gelebt haben«, so Schwester Gerlanda. Wie sollte eine junge Frau auch zurechtkommen in einem völlig überalterten Konvent? »Für eine allein ist das einfach zu schwierig«, sagt Schwester Elisabeth, selbst eine ausgesprochene Frohnatur, die in unaufdringlicher Form gute Laune verbreitet und gern lacht. Zusammen mit anderen einzutreten, ja, das ginge vielleicht. Aber auch dann: Welche Zukunftsperspektiven hätten diese Frauen denn? »Wir können doch fast ausrechnen, wann die letzte von uns gestorben sein wird«, sagt Elisabeth, und fügt nach einer kleinen Pause an: »Wenn nicht ein Wunder geschieht.« Sie sagt das so lapidar, mit so wenig Nachdruck auf dem Wort »Wunder«, dass klar ist: An solch ein Wunder glaubt sie nicht. Sie lacht, als sie von einer Begegnung am Heiligen Abend erzählt: »Ich muss etwas gestresst ausgesehen haben. Jedenfalls bin ich im Aufzug einer sehr alten Schwester begegnet. Die hat mich mitleidig angeschaut, und dann hat sie gesagt: ›Gell, das ist eine Aufgabe für euch hier, bis wir alle gestorben sind.‹«

»Wer sich heute für einen spirituellen Weg entscheidet, braucht als Wesenszug einen Hang zur Radikalität«, meint die Generaloberin. Früher hatte der Weg in einen Orden etwas Normaleres, Selbstverständlicheres – nicht nur wegen der weitaus höheren Zahlen, sondern weil das Ordensleben damals tiefer eingebettet war in die Lebenszusammenhänge der Umwelt. Sich einem Orden anzuschließen, das bedeutete nicht einen solch ungeheuren Sprung heraus aus dem Kontext der säkularen Welt von heute. Wer ihn wagt und in sich diesen »Hang zur Radikalität« entdeckt, der wird am Ende aber eher bei einem der strengen, kontemplativen Orden landen, in einem Kloster der Benediktinerinnen, Karmelitinnen oder Klarissen, als etwa bei den Vinzentinerinnen. Die Statistik bestätigt dies: Obwohl nur sechs Prozent aller Ordensfrauen in Deutschland kontemplativen Gemeinschaften angehören, ziehen diese mehr als ein Drittel aller Novizinnen an.

Schwester Maria Imelda, die jahrzehntelang für Kinder gelebt hatte, die ihren Beruf liebte und als Berufung verstand, arbeitet nun mit alten Menschen. Die Entscheidung ist ihr nach eigenen Worten nicht schwergefallen. Als die Generaloberin sie bat, diese Aufgabe zu übernehmen, stellte sie sich die Frage: Was hätte Vinzenz von Paul gesagt? »Als Barmherzige Schwester muss deine Barmherzigkeit jedem Menschen gelten. Also?« Diese Hingabebereitschaft hat etwas Entwaffnendes. Ebenso wie die Rundum-Verfügbarkeit. Auf die Frage nach Freizeit antworten die meisten Schwestern mit einer Gegenfrage: »Welche Freizeit?« Was als geistliche Tugend der Bedürfnislosigkeit und Selbstaufopferung gelten mag, ist auch eine gefährliche Versuchung für Obere, über die Ordensangehörigen bedenken- und bedingungslos zu verfügen. Solche Zeiten, sagt der Heitersheimer Hausgeistliche Erwin Seifried, hat es auch bei den Vinzentinerinnen gegeben. »Da mussten dann alle in die Krankenpflege, weil es eben den Bedarf gab – ob sie wollten oder nicht.« Früher hätten Ordensfrauen alles Mögliche gelernt, nur keine Selbstbehauptung und keine Lebenstüchtigkeit im weltlichen Sinn. Seifried redet sich in Rage. »Viele Schwestern wurden regelrecht verheizt! Sie wurden aufgerieben: Nachtwache, Tagwerk, Nachtwache. Schaffen, bis die Finger bluten. Das gibt es zum Glück heute nicht mehr. Aber das würde heute auch keine mehr mit sich machen lassen.«

Es ist Spätnachmittag geworden, über dem Schloss beginnt es leicht zu dämmern, als die Schwestern Elisabeth und Jordana zum Friedhof der Vinzentinerinnen spazieren. Er ist gleichsam das Fotonegativ von knapp 120 Jahren Ordensgeschichte. Die erste Schwester wurde 1894 hier begraben, ein Jahr nach der Ansiedlung. Der Friedhof ist ein langgezogenes Rechteck, eingefasst von mannshohen Hecken, in der Mitte eine Rasenfläche. Die nüchternen pultartigen Grabsteine sind aus unansehnlichem grauem, schnell verwitterndem Gussstein gefertigt. Auf jeden ist ein massives gleichschenkliges Kreuz aufgesteckt. Durch ihre Form und die Reihung der Grabsteine an den Längsseiten erinnert die Ästhetik des Areals an Soldatenfriedhöfe. Viele Grabsteine stehen windschief. Einige sind sandgestrahlt worden, auf den anderen sind die Namen und Todesdaten der Verstorbenen oft kaum zu entziffern. Gleich hinten links außerhalb des Friedhofsgeländes sind etwa 250 alte Grabsteine zwischengelagert, in Doppelreihen gegeneinandergestellt. Einzelne Grabplatten sind zu einem kleinen Stapel aufgeschichtet.

Wie bei der Einkleidung der Ordensfrauen geht es auch bei ihrer Beerdigung um das Thema Individuum und Kollektiv, es geht um die Rolle des Einzelnen in der Gemeinschaft. Eigentlich mag ich die Atmosphäre von Friedhöfen mit ihrer Melancholie, den diskreten Zeichen der Trauer, der stillen Verbundenheit zwischen Toten und Lebenden, dem »Memento mori«, das die eigene Vergänglichkeit bewusst macht. Auf diesem Friedhof fühle ich mich unwohl: zu kühl, zu unpersönlich – fast möchte ich sagen: zu gleichgültig für das Schicksal derer, die hier ihre letzte Ruhe finden. Schwester Elisabeth spricht von sich aus ihr eigenes Unbehagen an. »Es ist sehr gewöhnungsbedürftig.« Das klingt, als müsste sie erst eine innere Schwelle der Pietät überspringen, ehe sie ihr eigentliches Geschmacksurteil in Worte fasst: »Hässlich in meinen Augen.« Aber, so fügt sie eifrig hinzu, eine Firma sei bereits damit beauftragt, den Friedhof umzugestalten. Danach, beteuert sie, werde er »nicht mehr wiederzuerkennen sein«. In einem ersten Schritt würden alle Grabsteine gesäubert und deren Inschriften nachgezogen. Damit die Namen und Daten dann auch präzise sind, durchforstet Schwester Elisabeth gerade alte Verzeichnisse und Namenslisten. Was sie trotz der geplanten Veränderungen stört: dass auf den Grabsteinen immer nur das Todesjahr angegeben ist. »Wir sind doch nicht nur gestorben«, sagt Elisabeth kopfschüttelnd. Schwester Jordana zeigt auf eine ganz bestimmte Grabstelle. Auf dem Stein ist der Name »Jordana« zu lesen und das Todesjahr 1958. Der Name der Verstorbenen wurde noch im gleichen Jahr an eine junge Novizin weitergegeben. Sie trägt ihn bis heute. Jordana ist tot, es lebe Jordana! Auch dieses Detail der Ordenspraxis spricht vom gleichmütigen Umgang mit Leben und Tod, Vergangenheit und Gegenwart, mit dem Werden und Vergehen.

Die Schwestern machen sich auf den Rückweg. Der Tag endet so, wie alle Tage hinter den schweren Mauern des Heitersheimer Schlosses seit mehr als 100 Jahren enden, mit dem kirchlichen Nachtgebet, der Komplet. Und mit den friedvollen Worten aus dem 31. Psalm: *»In Deine Hände / leg ich voll Vertrauen meinen Geist.«*

∼

ÜBER DIESES BUCH

Für die Gespräche mit den »Barmherzigen Schwestern« besuchte die Künstlerin Kathrin Haller das ehemalige Malteserschloss zu Heitersheim immer wieder, fast ein Jahr lang. Auch Andree Kaiser, der die Nonnen und ihren Alltag fotografisch in Szene setzte, kann nicht sagen, wie oft er die Schwestern mit der Kamera begleitete. So häufig jedenfalls, dass eine von ihnen scherzte: »Herr Kaiser, Sie gehören ja fast schon zu uns!« Es galt, Vertrauen und Nähe aufzubauen. »Am schwierigsten war es, die Schwestern davon zu überzeugen, dass ihre Geschichten erzählenswert sind«, berichtet Kathrin Haller. Immer wieder hörte sie die Antwort: »Mein Leben war doch nichts Besonderes.« Ihre Zurückhaltung, ihre Einstellung, das eigene Tun allem anderen unterzuordnen, aber auch eine gewisse Verschlossenheit machte es ihnen nicht leicht, über ihr Leben zu sprechen. Für viele Frauen bedeuteten die Gespräche, einen mutigen Schritt zu gehen. Von einem Fotografen porträtiert zu werden, war für die meisten ein neues Erlebnis.

Jedes Interview besteht aus elf Fragen zur persönlichen Biografie, aber auch zu lebensanschaulichen Dingen. Das Ergebnis sind in ihrer Bescheidenheit stolze, lebenskluge und anrührende Botschaften aus einer Welt, die uns eigentlich so verschlossen scheint.

~

ARMUT

~

HERZENSGLÜCK

Schwester Birgitta, Jahrgang 1941.
Sie ist Ordensschwester seit ihrem 21. Lebensjahr.

~

Schwester Birgitta, wie kam es zu der Entscheidung, ins Kloster zu gehen?
Mein Vater war im Krieg gefallen. Ich wuchs ohne Geschwister auf, alleine mit meiner Mutter. Nach der Volksschule besuchte ich die Höhere Handelsschule; ich bekam eine Stelle als Sachbearbeiterin und Sekretärin in einem Betrieb in Singen. Abends ging ich öfters mit meinen Freundinnen aus. Wenn ich nach Hause kam, spürte ich eine Sehnsucht in mir, die ich mir nicht erklären konnte. Schon als Kind war ich eher ernst als ausgelassen. Die Sehnsucht, die ich spürte, gab mir Energie, mich auf den Weg zu machen. Ich wollte herausfinden, was in meinem Leben fehlt. Gott hatte es mir ins Herz gelegt, es musste mir nur noch klar werden.

Meine Ferien verbrachte ich früher oft bei meiner Oma in Bonndorf. Von dort kannte ich die Vinzentinerinnen. Ich nahm an Mädchen-Exerzitien im Mutterhaus teil und erhielt dadurch einen tieferen Einblick in diesen Orden. Mit niemandem sprach ich über meine Gedanken, selbst mit meiner Mutter nicht. Als mir dann klar war, dass ich mich einem Orden anschließen möchte, und ich es ihr erzählte, hat sie meinen Entschluss respektiert und mich freigegeben. Es hat mir viel bedeutet, meinen Sehnsuchtsweg gehen zu können, dem Ruf Jesu zu folgen, obwohl ich meine Mutter alleine zurückließ. Diese Erfahrung ihrer mütterlichen Größe ist mir bis heute ein wertvolles und kostbares Lebensvermächtnis.

Welche Arbeit haben Sie gemacht und wo war das?
In der Anfangszeit, dem Postulat, wurde ich häufig in der Verwaltung eingesetzt. In das gemeinschaftliche Leben fügte ich mich ohne Probleme ein, doch ich hatte meine Schwierigkeiten mit manchen Vorschriften, denen wir ohne Begründung folgen mussten. Was ich beispielsweise nur schwer akzeptieren konnte, war die Regel, dass wir bei Tisch das Essen auf den Teller geschöpft bekamen und uns nicht selbst nehmen konnten. Oder dass es kein Briefgeheimnis gab. Wir erhielten unsere Post geöffnet; und Briefe, die wir schrieben, mussten offen abgegeben werden. Nach dem Postulat, das neun Monate dauerte, wurde ich eingekleidet. Bei der Einkleidung erhielten wir die Schwesternamen. Ich hätte meinen Namen Ruth gerne behalten, weil mein Vater ihn für mich ausgesucht hatte. In der Zeit des Nationalsozialismus galt »Ruth« als jüdischer Name, und es war für ihn nicht leicht gewesen, diesen Namen beim Standesamt genehmigt zu bekommen. Aber damals durfte man die Taufnamen noch nicht behalten.

Als Novizin arbeitete ich im ersten Jahr weiterhin in der Verwaltung. Sowohl in unserer Haushaltungsschule als auch in unserer sozialpädagogischen Berufsfachschule fehlten Lehrkräfte. Die Ordensleitung beschloss, mich zur Lehrerin ausbilden zu lassen. Ich besuchte die Frauenfachschule, studierte danach vier Semester an der Berufspädagogischen Hochschule und war nach dem praktisch-pädagogischen Jahr Hauswirtschaftsoberlehrerin. Junge Menschen zu unterrichten entsprach meinen Fähigkeiten – und die Arbeit in der sozialpädagogischen Berufsfachschule bereitete mir Freude. Meine Schülerinnen nahmen mich gut an. Nach einigen Jahren schloss der Orden diese Schule, weil es in der Stadt inzwischen mehrere Einrichtungen dieser Art gab und dadurch zudem die Plätze für Krankenpflegeschülerinnen erweitert werden konnten. Da ich bereits in der Krankenpflegeschule eingesetzt war, studierte ich nochmals vier Semester Pädagogik und machte meinen Abschluss als Diplom-Pädagogin. Nun unterrichtete ich an der Krankenpflegeschule und außerdem an der inzwischen neu eröffneten Altenpflegeschule des Ordens in Freiburg. Ich übernahm die sozialwissenschaftlichen Fächer: Pädagogik, Psychologie und Soziologie. Danach übernahm ich für einige Jahre die Leitung von Postulat, Noviziat und Juniorat im Orden und war Mitglied des Generalrats.

1994 wählte das Generalkapitel mich zur Generaloberin. Dieses Amt hatte ich zwölf Jahre lang inne. Die Aufgabe umfasste sowohl die Leitung des Schwesternbereiches und die Sorge für die Schwestern als auch die Vertretung der Gemeinschaft nach außen; es ging auch um die Mitwirkung und Verantwortung im Bereich der ordenseigenen Einrichtungen und der Ordensverwaltung. Als ich begann, zählten wir 494 Schwestern, als ich ausschied, waren es noch 247. Ich musste damit umgehen, dass der Orden von Jahr zu Jahr kleiner wurde, und nach Möglichkeiten suchen, mit den Auswirkungen und Folgen realistisch umzugehen. Es war auch ein Weg der Passion, des Leidens der Gemeinschaft in der Nachfolge Jesu. Es ist viel leichter, etwas aufzubauen und neu zu gestalten als miterleben zu müssen, wie Gewachsenes und Bewährtes zurückgeht. Es ist schwer loszulassen. Was Paulus in der Bibel schreibt: »Wir sind wie Sterbende, und seht: Wir leben«, dies trifft eine Realität unserer Schwesterngemeinschaft, die wir mit Würde leben.

Meine Aufgabe hat mich sehr gefordert und mir große Flexibilität abverlangt. In einer Stunde führte ich ein Einzelgespräch mit einer Schwester oder besuchte eine Kranke, im nächsten Augenblick musste ich mich wieder um Organisation oder um eine Entscheidung bezüglich einer Einrichtung kümmern. Ständig war ein schneller Wechsel zwischen emotionalem Einfühlen und rationalem Entscheiden erforderlich. Das braucht und verbraucht Energie. Spirituelle Inhalte und Impulse gestaltete ich gerne und gab sie an die Schwestern weiter. Leiten heißt für mich nicht nur vorausgehen, sondern auch in der Mitte zu stehen – und manchmal hinterherzugehen und dazu viel um Gottes Geist zu beten. Für weitreichende Entscheidungen, gerade personeller Art, ließ ich mir immer viel Zeit. Es war mir wichtig, auch mögliche Konsequenzen der Entscheidung zu bedenken, die sich für diesen Menschen und sein weiteres Leben daraus ergeben. Ich trug große Verantwortung, doch spürte ich darin die Hilfe Gottes, seine Kraft und seinen Geist und die unterstützende Mitarbeit anderer und das Gebet der Schwestern. So fehlten auch gute und frohe Situationen und Erfahrungen nicht. Nach meiner Zeit als Generaloberin lebe ich nun in Karlsruhe. Ich bringe mich zum einen in der Citypastoral ein, in der sich Menschen über Kirche und Glauben informieren können oder auch ein Gespräch suchen. Zum anderen engagiere ich mich in einer Seelsorgeeinheit, führe Trauergespräche, halte Trauerfeiern und Beerdigungen, Wortgottesdienste, leite Bibelgruppen und führe Einzelgespräche. Ich bin Mitglied im Pfarrgemeinderat und gestalte spirituelle Inhalte in Frauen- und Seniorengruppen.

Was haben Sie in Ihrer Freizeit gemacht?
Ich lese gerne, schreibe Briefe und persönliche Aufzeichnungen, liebe es aber auch, einmal gar nichts zu unternehmen, sondern die Stille wahrzunehmen. Gerne weile ich so in der Gegenwart Gottes. Und wenn ich früher in Ferien zu Hause war, lag ich oft lange im Garten und schaute mir einfach nur den Himmel an und den Wolken zu. Trotzdem bewege ich mich auch gerne in der Natur, und wenn viel Zeit ist, wandere ich. Gespräche mit anderen Menschen bereiten mir Freude und eine Kostbarkeit ist auch einmal ein schönes Konzert.

Was ist gut daran, in einem Orden zu leben?
Gut ist diese Lebensform, wenn ich weiß und erlebe: Das ist mein

Weg. Eine echte Berufung muss sich herauskristallisieren, sonst trägt das Ordensleben nicht. Gut ist, dass ich auch innerhalb der Gemeinschaft mein eigenes Menschsein leben und meine persönliche Christusbeziehung pflegen kann. Und ich nehme teil an einem gemeinsamen Auftrag Gottes für die Menschen. Es ist kein Argument, versorgt zu sein oder sich für ein Leben alleine nicht stark genug zu fühlen. In der Bibel findet sich ein schönes Gleichnis vom »Schatz im Acker«: Jesus ist der Schatz und der Orden der Acker. Der Orden ist das Umfeld, in dem ich das, was Gott von und mit mir will, verwirklichen kann. Aber dies muss ich auf meine Weise tun. Jede Schwester hat ihren besonderen Auftrag und bringt dazu ihre persönlichen Fähigkeiten in die Gemeinschaft ein. In und von der Gemeinschaft erfährt sie Angenommensein und Miteinander, Hilfe und Getragensein. Das Gebetsleben, das liturgische und spirituelle Leben kann in Gemeinschaft oft leichter sein als alleine. Wenn ich durch besondere Situationen nicht beten kann, dann weiß ich, dass meine Mitschwestern es für mich tun im Füreinander.

Fühlen Sie sich manchmal einsam?
Einsamkeit gehört auch zum Leben im Orden. Jedes Leben braucht Einsamkeit, auch in einer Partnerschaft und Gemeinschaft. Ich muss bei mir selbst sein können, mich selbst aushalten im Alleinsein. Wenn ich das nicht kann, kann ich auch nicht eigenständig leben. Einsamkeit im positiven Sinne ist etwas, was ich brauche, weil in der Einsamkeit Raum für Gott ist, für Jesus. Es ist der Raum, in dem ich das »Du« erfahre, durch das ich und mit dem ich lebe. Und manchmal gibt es Momente, in denen ich das Du, seine Nähe, ganz direkt spüren darf, ganz kurz nur, aber sehr intensiv; denn oft ist Gott auch sehr fern.

Was waren glückliche Momente in Ihrem Leben?
Meine Zeit, als ich unterrichtete, war eine glückliche Zeit. Es war schön, wenn ich gemerkt habe, dass die Schüler mitgehen, verstehen

und gut lernen. Glücklich war ich auch, wenn sich personelle Entscheidungen, die ich treffen musste, als richtig erwiesen und schwierige Situationen gut ausgingen. Andere Menschen begleiten, ihnen beistehen, raten und helfen in Wort und Tat machte mich selbst glücklich. Wenn ich meine Mutter erlebte, wie sie ihr Leben alleine meisterte und zufrieden war, erfuhren wir gemeinsames Glück. Wenn mir eine Idee, eine Intuition einfach ins Herz fällt und ich sie dann verwirklichen kann, ist das eine glückliche Erfahrung, ebenso Begegnungen und Gespräche. Glück spüre ich in kurzen Momenten, auch im Alltag, wenn ich mich lebendig erlebe. Manchmal habe ich im Zimmer getanzt, weil mir das Glück plötzlich ins Herz geschossen ist. Und die besondere Glückserfahrung, die mich trägt, ist: Gott ist für mich da, ich gehöre zu ihm, ich bin geliebt.

Gab es auch Momente, in denen Sie mit Gott gehadert haben?
Ich kenne Zeiten, in denen ich mich innerlich trocken und leer erlebte. Gott war so fern, ich musste aushalten. Ich kenne Stunden, in denen ich mit Gott gefochten und gerungen habe, ihn nicht verstand und ihm sein Schweigen vorgeworfen habe. »Wo bist du denn, Gott?«, schrie ich dann laut in meinem Zimmer, alles erschien mir so schwer. Solche Momente gab es: Wenn mein eigener Glaube vernebelt war, wenn ich durch meine Grenzen das Leben anderer belastet habe, wenn die Verantwortung drückte, wenn ganz schwierige Situationen sich kaum klären ließen, wenn ich Stagnation statt Veränderung erfuhr, wenn ich Ungerechtigkeit, Unwahrhaftigkeit, üble Nachrede, ja sogar Verleumdung erleiden musste, wenn Entscheidungen anderer mein Leben beschnitten haben. All das konnte ich Gott nicht in die Schuhe schieben, aber ich brauchte doch so sehr seinen »spürbaren« Beistand.

Wenn Sie zurückschauen, wie würden Sie Ihr Leben beschreiben?
Mein Leben wurde mir geschenkt, ich bin dankbar dafür. Gott hat es mir geschenkt, ich gehöre zu ihm. Und von ihm bekam ich auch mei-

nen Lebensauftrag: Für ihn zu leben, das zu leben, was ich an Fähigkeiten mitbekommen habe, meine Aufgaben umzusetzen und das Erreichte weiterfließen zu lassen für andere. Ich habe mich angenommen, so wie ich bin, und kann sagen, ich bin mir treu geblieben. Mein Leben war abwechslungsreich und verantwortungvoll, geprägt durch viele Begegnungen. Es war erfüllt und wertvoll, doch nicht leicht, es gab auch Dornen und Verletzungen. Ich empfinde es wie ein reifendes Ährenfeld, das irgendwann geschnitten wird – ein geerdetes Leben.

Wenn Sie noch mal von vorne anfangen könnten, was würden Sie anders machen?
Nochmals von vorne anfangen gibt es nicht! Der Ruf Gottes gilt für mich gestern und heute und diesem folge ich. Die Lebensart und Struktur einer spirituellen Gemeinschaft müsste der heutigen Zeit entsprechen.

Viele Menschen finden keinen Sinn in ihrem Leben. Was ist wichtig für ein erfülltes Leben?
Es ist wichtig, wirklich zu leben, im Hier und Jetzt. Das Leben ist uns geschenkt worden und darum ist es wertvoll. Was mir wertvoll ist, schätze ich, pflege, entfalte und gestalte ich. Wichtig ist auch, dass ich weiß, wofür ich lebe – das gibt Sinn. Ich lebe für Gott und mit dem Auftrag, den er mir gegeben hat, lebe ich für die Menschen. Darin habe ich mein Leben zu verantworten und auch das gibt Sinn und Erfüllung.

Was ist das Wichtigste im Leben?
Leben und lieben – gehören zusammen.

~

*Glaube ist: Feststehen in
dem, was man erhofft,
überzeugt sein von Dingen,
die man nicht sieht.*

(Hebr 11,1-3)

NICHT NUR ENGEL

*Schwester Rita Maria, Jahrgang 1939. Sie trat mit 19 Jahren
in den Orden ein.*

~

Schwester Rita Maria, wie kam es zu der Entscheidung, ins Kloster zu gehen?
Das habe ich mich manchmal auch gefragt. In der Schule gab es einige,
die meinten, dass ich bestimmt mal eine Nonne würde, aber ich habe
überhaupt nicht daran gedacht. »Was? Ich in ein Kloster?«, sagte ich,
»eher hänge ich mich an den nächsten Baum.« Da war ich 16 Jahre alt.
Nach der Schule wusste ich nicht so recht, was ich machen sollte. Mein
Vater war der Meinung, dass Mädchen lernen müssen, wie man kocht
und einen Haushalt führt, um dann zu heiraten. Er wollte nicht, dass
wir einen Beruf lernen. So habe ich in einem Haushalt gearbeitet, im
Kinderheim und dann als Hausmädchen in einem Krankenhaus bei
Vinzentinerinnen. Aber selbst in einen Orden einzutreten – daran
habe ich nicht gedacht.

In die Kirche hat es mich immer schon gezogen, oft war ich abends
das einzige Mädchen beim Rosenkranz. Keine Ahnung, woher ich das
hatte, denn meine Eltern waren nicht so religiös. Wir sechs Kinder
mussten zwar den Gottesdienst besuchen, aber die Eltern haben uns nie
solche Ängste eingejagt, wie man das von anderen hört: dass der liebe

Gott alles sieht, alles hört und alles gleich bestraft. Weil ich immer unter Menschen und in Gemeinschaft war, besuchte ich die Gruppenstunde in der Pfarrgemeinde. Abends ausgehen, das durften wir natürlich nicht. Mit achtzehn, als ich im Krankenhaus arbeitete, sprach mich eine Ordensschwester an. Sie erzählte mir, dass man im Mutterhaus Exerzitien für Mädchen anbot. Ob ich da nicht mitmachen wollte? Die Exerzitien dauerten drei Tage. Plötzlich schlug es bei mir ein, wie ein Blitz: »Das ist es!« Meine Entscheidung stand fest, aber ich erzählte niemandem davon, schon gar nicht meinem Vater, weil ich wusste, wie er reagieren würde. Als ich mich im Orden angemeldet hatte, erzählte ich es meiner Oma. Sie meinte: »Glaub ja nicht, dass im Kloster nur Engel sind.« Von ihr erfuhr es dann mein Vater. »Bist du eigentlich noch normal?«, fragte er mich entsetzt.

»Vater, du hast doch schon öfters im Krankenhaus gelegen. Hattest du den Eindruck, dass die Schwestern, die dort arbeiten, alle nicht normal sind?«, fragte ich zurück.

Da war er verblüfft. Mit der Zeit wurde er offener für die Idee. Ich benötigte auch seine Genehmigung, weil ich noch nicht volljährig war. An Weihnachten brachte ich ihn dazu, zu unterschreiben.

Welche Arbeit haben Sie gemacht und wo war das?
Nach Postulat und Noviziat wurde ich zunächst in der Waschküche eingesetzt. Ich wollte Krankenschwester sein, aber es hieß, dass meine Augen dafür zu schlecht seien. Schon als Kind hatte ich sehr schlechte Augen. Nach der Profess kam ich in ein Altenheim, in dem ich sechs Jahre gearbeitet habe. Der Wunsch, Krankenschwester zu werden, wurde immer stärker in mir. Dann passierte etwas, was mich dazu brachte, vor der ewigen Profess aus dem Orden auszutreten. Ich möchte darüber nicht sprechen, bin aber schon längst im Reinen damit. Nach meinem Austritt ging ich in ein Krankenhaus nach Bruchsal und begann eine Ausbildung zur Krankenschwester. Die Generaloberin besuchte mich; sie wollte wissen, wieso ich den Orden verlassen hatte.

Ich erzählte ihr von den Hintergründen und wir sprachen lange darüber. Sie bat mich, wieder mitzukommen, aber ich sagte ihr, dass ich jetzt erst mal meine Ausbildung beenden wollte. Erst danach, wenn ich genau spürte, dass es meine Bestimmung war, in den Orden einzutreten, wollte ich zurückkommen.

Im Nachhinein kann ich sagen, dass ich sehr dankbar bin für diesen Weg, auch wenn er steinig war. Aber für mich war es so wichtig, noch mal fünfeinhalb Jahre »draußen« zu sein. Mir ist immer klarer geworden: Das Ordensleben ist richtig für mich. Nach dem Examen wollte man mir gleich die Leitung der Intensivstation übertragen – was ich aus Mangel an Erfahrung ohnehin abgelehnt hätte –, aber nun musste ich der Krankenhausverwaltung mitteilen, dass ich zurückgehen wollte in den Orden. So trat ich wieder ein, diesmal aber mit einem Beruf. Es war ein Gefühl, als ob ich nie weg gewesen wäre. Gleichzeitig hegte ich die Hoffnung, dass sich etwas verändert hatte, dass der Orden moderner und offener geworden war, auch wegen des Zweiten Vatikanischen Konzils.

Mein Bruder sagte damals zu mir: »Du bist dumm! Endlich hast du einen Beruf, verdienst gut, hast deine Freizeit, und jetzt gehst du wieder ins Kloster!«

»Willi«, entgegnete ich, »du hast vier Kinder. Wie viel Freizeit bleibt dir?«

Ich habe die Entscheidung nicht bereut. Ich arbeitete in meinem Beruf und war sehr gerne Krankenschwester. Zunächst kam ich auf die Station für Innere Medizin, später übernahm ich eine gynäkologische Abteilung. Wir pflegten und betreuten Frauen vor der Geburt, die oftmals viele Wochen liegen mussten, problematische Schwangerschaften oder Totgeburten hatten. Es gab aber auch Krebspatientinnen bei uns. Oft saß ich abends bei Patientinnen, denen es schlecht ging oder die sich große Sorgen machten. Es war mein Anliegen und meine Erfüllung zugleich, für sie da zu sein, so weit das möglich war, und ihnen durch Gespräche Beistand zu leisten. Weil mir die Arbeit mit jungen

Menschen besonders gefiel, bekam ich nach einigen Jahren als Stationsleitung die Gelegenheit, eine Ausbildung zur Schulschwester zu machen, und ging nach Köln. Kurz vor dem Examen wurde ich dann aber sehr krank – eine schwere Sommergrippe hatte mich erwischt. Ich quälte mich trotzdem irgendwie durch und fuhr in den Urlaub. Aber ich erholte mich kaum. Etwas stimmte nicht mit mir. Untersuchungen ergaben, dass mein Herz durch die Grippe einen Schaden davongetragen hatte. Die Leitung einer Schwesternschule hatte sich damit erledigt. Über zwei Jahre zog sich die Behandlung hin, ohne Erfolg. Man musste mir einen Herzschrittmacher einsetzen und die Ärzte sagten mir, ich könne nicht mehr arbeiten und solle in Rente gehen. Ich war damals 48 Jahre. Was sollte ich nun tun? Ich wollte nicht den Rest meines Lebens mit Nichtstun verbringen! Im Gespräch mit meiner Generaloberin kam mir die Idee, wieder auf meiner alten Station zu arbeiten. Da gab es genug Dinge zu tun, die man auch im Sitzen erledigen konnte, wie zum Beispiel die Medikamente zu richten und die Essenswünsche der Patienten aufzunehmen. So hatte ich auch noch Kontakt zu den Menschen.

Nach zehn Jahren entschied ich mich aufgrund gesundheitlicher Probleme, in unserem Altenpflegeheim für Schwestern ein paar Stunden den Pfortendienst zu übernehmen. Es gefällt mir, wegen der Kontakte mit den unterschiedlichsten Menschen. Ich war immer gerne in Gemeinschaft, auch wenn es nicht immer ganz leicht ist. Wir sind ganz unterschiedliche Typen von Menschen und das Zusammenleben erfordert Toleranz und Rücksicht von jedem Einzelnen.

Was haben Sie in Ihrer Freizeit gemacht?
Ich habe immer gerne gelesen. Mir gefallen Bücher, durch die ich etwas lernen kann. Beim Kreuzworträtsellösen spüre ich auch meine Wissenslücken, beispielsweise in Geschichte und Erdkunde. Aber heute, mit 70, denke ich, dass es darauf jetzt nicht mehr ankommt, man kann auch mal was nachschlagen. Ich interessiere mich für Musik und

Fußball. Ich höre mir die Spiele gerne im Radio an oder schaue Übertragungen im Fernsehen. Mein Lieblingsverein ist der SC Freiburg, aber natürlich unterstütze ich auch unsere Nationalmannschaften der Männer und Frauen.

Was ist gut daran, in einem Orden zu leben?

Darüber habe ich eigentlich noch nie so richtig nachgedacht. Ich denke, es gibt Vor- und Nachteile, das wird aber jeder anders erleben und empfinden. Mir tut der geregelte Tagesablauf gut: Gebet, Arbeit, Freizeit, gemeinsame Mahlzeiten. Den Glauben in einer Gemeinschaft mit Gleichgesinnten zu leben, das ist vielleicht leichter. Man bekommt Impulse, Anregungen und unterstützt sich gegenseitig auch im Gebet. Ich fühle mich von der Gemeinschaft aufgehoben, und Feste zu feiern, das habe ich erst im Kloster gelernt. Natürlich gibt es im Zusammenleben gelegentlich auch Schwierigkeiten, man geht sich mal auf die Nerven, aber das ist für mich eigentlich etwas ganz Normales. Für mich ist ganz wichtig, dass ich eine gute, persönliche Beziehung zu Jesus Christus aufbaue und sie immer weiter intensiviere. Früher dachte ich immer: Klar, Gott gibt es, ich glaube ganz fest an ihn, aber er ist irgendwo da oben in höheren Regionen. Durch Einzelexerzitien und Gespräche habe ich gelernt, dass es auf diese persönliche Beziehung zu Jesus ankommt. Seither ist der Glaube für mich etwas ganz anderes. Dies finde ich ganz besonders wichtig für Ordensleute und Priester, darum geht es, dann braucht es keinen anderen Ersatz. Es erfordert einige Zeit, dahinzukommen, es ist ein Prozess und man muss es wollen und sich darauf einlassen.

Fühlen Sie sich manchmal einsam?

Unter Einsamkeit habe ich eigentlich noch nie gelitten, aber es gab mal Krisenzeiten, Enttäuschungen, Zweifel und Traurigkeit. Heute muss ich sagen, je älter ich werde, desto mehr liebe ich das Alleinsein und die Stille.

Was waren glückliche Momente in Ihrem Leben?

Der Volksschulabschluss, der Einkleidungstag und der Abschluss der Krankenpflegeausbildung waren glückliche Tage für mich. Meine besten und glücklichsten Zeiten aber waren in Bruchsal und die Jahre auf meiner gynäkologischen Station. Vor allem wenn ich spürte, dass ich anderen helfen und sie ein Stück begleiten kann. Das waren Glücksmomente. Der Glaube war da immer schon eine große Kraftquelle für mich. Ich habe auch viele schöne Urlaube verbracht, in den Bergen, im Schwarzwald mit Freundinnen. Freundschaft ist so wichtig. Früher war das ja im Kloster nicht so gerne gesehen, in den 50er und 60er Jahren waren Freundschaften nicht erlaubt. Damals gab es Ängste, dass Schwestern sich absondern könnten. Aber in einer Freundschaft geht es ja nicht darum, sich abzusondern, sondern sich auszutauschen, auch über den Glauben. Das ist so wertvoll. Wichtig ist mir auch der regelmäßige Kontakt zu meinen Neffen und Nichten. Ich mag die jungen Leute und kann viel von ihnen lernen.

Gab es auch Momente, in denen Sie mit Gott gehadert haben?

Nein, daran kann ich mich nicht erinnern. Zweifel gab es mal und manchmal habe ich nicht verstanden, warum dies oder jenes so lief. In solchen Situationen konnte ich dann schon fragen: »Lieber Gott, wo bist du denn?«

Wenn Sie zurückschauen, wie würden Sie Ihr Leben beschreiben?

Auf jeden Fall abwechslungsreich, mit Höhen und Tiefen, aber es gab immer Menschen, die für mich da waren und mir geholfen haben. Das zieht sich durch mein Leben wie ein roter Faden. Aber mir war klar, das ist die Führung von oben. Und mein Beruf hat mich erfüllt, mich sehr glücklich gemacht.

Wenn Sie noch mal von vorne anfangen könnten, was würden Sie anders machen?
Mit neunzehn würde ich nicht mehr ins Kloster gehen, sondern erst einen Beruf erlernen.

Viele Menschen finden keinen Sinn in ihrem Leben. Was ist wichtig für ein erfülltes Leben?
Mir persönlich hat der Glaube geholfen, einen Sinn im Leben zu finden. Jeder Mensch braucht Orientierung, Vorbilder und ein Ziel, das er verfolgen kann. Es dauert eine Zeit, herauszufinden, was für mich richtig und gut ist. Zu erkennen, dass es Sinn macht, dass ich da bin und lebe, ist in jungen Jahren noch nicht so einfach. Die jungen Menschen haben so vieles, was auf sie einstürmt, sie beeinflusst. Wenn es da von zu Hause nicht ganz viel Liebe für sie gibt, egal, was sie tun oder wo sie stehen, kann es sehr schwer sein, einen Sinn zu sehen. Es braucht Vorbilder, die glücklich und zufrieden sind mit dem, was sie tun und wie sie sind. Mit Worten ist das schwer zu vermitteln.

Was ist das Wichtigste im Leben?
Sich selbst so anzunehmen und zu mögen, wie man ist. Zufriedenheit ist ganz wichtig. Sich von Gott geliebt zu fühlen und daran zu glauben. Für mich als Ordensfrau ist Jesus Christus das Wichtigste.

ZIRKUSLOS

Schwester Adelheid, Jahrgang 1936.
Sie trat im Alter von 26 Jahren in den Orden ein.

~

Schwester Adelheid, wie kam es zu der Entscheidung, ins Kloster zu gehen?
Nach der Schule machte ich die Ausbildung zur Krankenschwester.
Meine Mutter war schon früh gestorben, mit 52 Jahren, und mein Vater skeptisch, was meinen Berufswunsch betraf: »Was du als Krankenschwester alles machen musst.« Einige Zeit nach meiner Ausbildung
trat ich in den Orden ein. Mein Bruder sagte dazu: »Spinnst du? Jetzt,
wo du Geld verdienst!« Mein Ich wollte es nicht, aber mein Innerstes.
Es hat mich einfach dahingeführt.

Welche Arbeit haben Sie gemacht und wo war das?
1963 trat ich in den Orden ein. Zunächst lebte ich zwei Jahre im Mutterhaus, wurde geschult und auf das Leben im Orden vorbereitet. Dann
kam ich in das St.-Elisabethen-Krankenhaus und wurde auf der inneren Medizin stationär eingesetzt; später arbeitete ich in der Funktions-
abteilung, schrieb EKG, arbeitete mit dem Ultraschall- und dem Rönt-
gengerät. Zuletzt versetzte man mich in die Endoskopie, in der ich
21 Jahre lang blieb. Als das Hospital zur Kinderklinik umfunktioniert

wurde, blieb ich noch eine Zeit in der Kinder-Endoskopie. Dann habe ich die Organisation des Wohnheims übernommen. Aber irgendwann muss man seine Aufgaben abgeben. Im ersten Moment war ich geschockt, als mir die Generaloberin gesagt hat, dass sie im Altersruhesitz der Schwestern in Heitersheim jemanden im Nähzimmer brauchen. Zwei Wochen habe ich gebraucht, um mein Inneres darauf einzustellen. Mit niemandem habe ich darüber gesprochen. Dann war es in Ordnung für mich und ich habe meinen Koffer gepackt.

Was haben Sie in Ihrer Freizeit gemacht?

Wenn ich noch alle Urlaubstage bekommen würde, die ich eigentlich noch gut habe … (sie lacht). Es waren 35 Jahre Tagdienst und Rufbereitschaft. Samstag und Sonntag galt die Rufbereitschaft. Wenn nichts anlag, ging ich kurz einkaufen.

Was ist gut daran, in einem Orden zu leben?

Man darf nicht nach Vorteilen suchen, das ist Berufung. Wenn jemand in einen Orden geht, weil er gut versorgt sein will, wird er nicht durchhalten. Es wird gut für einen gesorgt in dieser Gemeinschaft, aber man muss berufen sein.

Fühlen Sie sich manchmal einsam?

Einsam? Also ich nicht. Ich bin gerne alleine. Mein Inneres muss sich von dem Trubel erholen. Ich bin froh, wenn ich alleine bin und in mir drin wieder Ordnung schaffen kann.

Was waren glückliche Momente in Ihrem Leben?

Ich habe noch nie bereut, dass ich in den Orden eingetreten bin. Und auch meine Arbeit war Berufung. Ich konnte helfen. Viele Menschen haben Angst vor Untersuchungen, und es war für sie hilfreich, wenn eine Schwester anwesend war, die ein bisschen Ruhe ausstrahlte. »Ist die Schwester wieder unten?«, hat ein Patient vor seiner zweiten Endoskopie die Stationsschwester einmal gefragt. Als sie bejahte, sagte er: »Dann habe ich keine Angst.«

Gab es Momente, in denen Sie mit Gott gehadert haben?

Ja, aber es hat nichts genützt. Es ist im Leben schwer, wenn man es sich schwer macht. Manche regen sich über Sachen auf, die diese Aufregung nicht lohnen. Ich tue mir das nicht an.

Wenn Sie zurückschauen, wie würden Sie Ihr Leben beschreiben?

Ich hatte ein erfülltes Leben. Für mich war alles Führung von oben. Das kann man ruhig so sagen.

Wenn Sie noch mal von vorne anfangen könnten, was würden Sie anders machen?

Es war Führung und ich würde alles wieder so machen.

Viele Menschen finden keinen Sinn in ihrem Leben. Was ist wichtig für ein erfülltes Leben?

Zufrieden sein, sich die innere Ruhe schaffen, den inneren Frieden, dann kann man auch mit anderen Frieden haben. In der Kapelle, in der Stille findet man ihn. Wenn man sein Inneres öffnet, findet man Frieden.

Was ist das Wichtigste im Leben?

Der innere Frieden. Wenn innen Zirkus ist, kommt nichts Gutes heraus.

~

GEWISSENS-FRAGEN

*Schwester Honesta, 1932 geboren,
trat im Alter von 21 Jahren in den Orden ein.*

~

Schwester Honesta, wie kam es zu der Entscheidung, ins Kloster zu gehen?
Ich wollte dem lieben Gott immer davonlaufen. Ich hatte viele Verehrer, aber ich konnte mich für keinen entscheiden. Mein Vater wollte,
dass ich den Hof übernehme, obwohl ich einen Bruder hatte. Aber ich
habe nach irgendwas anderem gesucht. Dann hat mich der liebe Gott
krank werden lassen, von heute auf morgen, am Fuß. Einen Arzt gab
es in unserem Dorf nicht, also wurde eine Schwester geholt. Und die
habe ich mir so angeschaut und gedacht: »Eigentlich wäre das ja auch
was für dich, für andere da zu sein, anderen zu helfen.« Für Chirurgie
habe ich mich sowieso interessiert. Meine Eltern waren dagegen. Ich
war das jüngste von sieben Kindern und der Liebling meines Vaters.
Meine Brüder waren im Krieg.

Welche Arbeit haben Sie gemacht und wo war das?
Im Kloster habe ich sofort gesagt: »Ich will OP-Schwester werden.

Mich interessiert der Mensch.« Dieser Wunsch wurde von einer Schwester unterstützt, auf deren Station ich mein praktisches Jahr leistete. Ich stellte mich geschickt an und kam zur Ausbildung in eine medizinische Klinik. »Ich will aber keine Pillenschwester werden. Ich will in den OP!«, sagte ich zu meiner Vorgesetzten. »Man fängt aber von unten an«, klärte sie mich auf. Später kam ich als siebte Schwester in den OP. Da durfte ich natürlich nur Tupfer legen, Instrumente waschen, abtrocknen und manchmal durch das kleine Fenster einen Blick in den Operationssaal werfen. Man nannte die Tätigkeit als Zureicheschwester für die OP-Schwestern im Krankenhausjargon »den Johann machen«. Abends studierte ich das Programm für den nächsten Tag: zwei Operationen am Magen, drei Galleneingriffe. Nach einem halben Jahr habe ich gesagt: »So lerne ich nichts. Ich bin die Siebte, die lassen mich nicht ran und wenn ich zuschauen will, dann schicken sie mich aus dem Saal.«

Glücklicherweise kam vom Mutterhaus die Anweisung, dass mich die anderen an die Instrumente lassen mussten. Die ältere Schwester, die ein strenges Regiment führte, war davon wenig begeistert. Ihre »Daumenschrauben« fühlte ich ständig, aber ich blieb optimistisch. Der Chefarzt war ein väterlicher Typ und erklärte mir genau, was er tat. Es war eine gute Schule. Er förderte die jungen Schwestern. Ich lernte immer mehr, bis ich sagte, dass ich »flügge« sei und etwas anderes machen könnte. Ich wurde versetzt, weil eine Schwester in einem Kreispflegeheim ausgefallen war und sie eine Vertretung suchten.

Ich kam also zu diesen Leuten, die nervenkrank waren. Wir waren jede Nacht auf den Beinen; oft kam es vor, dass jemand am Fensterkreuz hing, um sich das Leben zu nehmen. Ich betete, dass es doch noch einen anderen Weg für mich gibt. Nach vier Wochen kam die Schwester, die ich vertrat, zurück in den Dienst und ich in ein kleines Krankenhaus. 55 Betten, fünf Fachärzte, Chirurgie und alle Fachgebiete dabei: Augenarzt, Gynäkologe, Orthopäde, zwei praktische Ärzte. Die Arbeit war sehr vielseitig und hat mir gefallen. Als die Röntgenschwester ausfiel, sollte ich ihren Posten übernehmen. »Ja, ich mach es, aber ich will es lernen«, sagte ich. Ich bekam also eine Weiterbildung, lernte, worauf man achten musste, denn die Strahlen waren nicht ungefährlich. Die Ärzte haben mich gefordert. Sie waren nur bei Operationen im Haus und übertrugen mir viel Verantwortung. Ich musste immer genau beschreiben, in welchem Zustand ein Patient eingeliefert wurde, damit der Arzt wusste, wann er kommen musste.

Nach neun Jahren kam ich dann in eine andere Kleinklinik mit einem Chefarzt für Gynäkologie und Chirurgie. Wir wurden geschätzt, wir wurden gefordert, wir hatten ein großartiges Einvernehmen. Oft mussten wir nachts operieren, Notfälle. Einmal wurde eine Frau eingeliefert, die mit ihrem Mann vor dem Fernseher saß, bis ihm auffiel, dass sie ihm nicht mehr antwortete und ganz blass war. Sie hatte eine Eileiterschwangerschaft. Zum Glück erfuhren wir ihre Blutgruppe und konnten auf der Blutbank Konserven bestellen, die uns von der Polizei innerhalb einer halben Stunde gebracht wurden, sonst wäre die Frau verblutet. Als sich ihr Kreislauf stabilisierte, konnten wir operieren. Drei Tage später war die Frau wieder quietschvergnügt.

Geburten? Routine. In einer kalten Winternacht wurde uns ein junges, lediges Mädchen von ihrem Bruder gebracht. Die Presswehen hatten schon eingesetzt. Also bin ich aufgestanden und habe mich ihrer angenommen. Sie war sehr aufgeregt. Weil die Straßen vereist waren, konnten der Chefarzt und die Hebammen nicht kommen. Wir mussten da alleine durch. Das Kindchen kam zum Glück spontan und es gab keine Nachblutungen. Dieses Gefühl, wenn man zum ersten Mal ein Baby anzieht, gerade frisch geboren – ich war ja in einem Alter, in dem ich selbst hätte Kinder haben können –, dieses Gefühl ist unbeschreiblich.

Die Zusammenarbeit mit meinem Chef lief einfach gut. Nach mancher Not-OP in der Nacht haben wir uns ein Bier geteilt, wenn alles erledigt war. Leider erlitt er mit 53 Jahren einen Herzinfarkt. Nach einem arbeitsreichen Tag merkte er, dass ihm nicht wohl war und legte sich im Krankenhaus hin. So haben wir ihn dann gefunden, tot. Es war tragisch, sein jüngstes Kind war gerade erst zehn Jahre alt. Seine Frau hat mir später erzählt, dass er immer wieder zu ihr sagte, ich sei sein bester Oberarzt.

Sein Nachfolger nahm die Arbeit auf, und auch mit ihm kam ich gut aus, bis zu jenem Tag, an dem etwas Tragisches geschah. Ein sechzehnjähriges Mädchen wurde schwanger von einem Jungen, 14 Jahre jung. Der Chef teilte mir mit, dass wir einen Schwangerschaftsabbruch machen müssten. Ein Schwangerschaftsabbruch? Ich erinnerte ihn daran, dass ich ihm bei seinem Antritt mitgeteilt habe, im Falle von Paragraph 218 nicht tätig zu werden. Das war meine Bedingung gewesen. Er redete auf mich ein, er wollte mich überzeugen, dass wir es in diesem Fall aber tun müssten. Ich antwortete ihm, dass ich dies aus Gewissensgründen niemals tun könne. Abends verlangte er gynäkologische Instrumente von mir. Zwei Tage später kam das Mädchen erneut mit Schmerzen zu uns. Der Chefarzt ließ mich rufen. Und wieder sagte ich ihm, dass ich nicht mitmachen könne. Mir war bewusst, dass ich eine ganz wichtige Funktion hatte; er wurde nervös, musste alles selbst machen. Manches klappte nicht, wie mir eine Hebamme später erzählte. Auf jeden Fall war der Arzt so wütend, dass er mich wegen unterlassener Hilfeleistung anzeigte.

Ich schwor mir, nie wieder einen OP zu betreten. Ich verließ meine Stelle und wurde erst mal in Erholung geschickt. Aber die Schwester Oberin stand zu mir. Die Klage wurde fallen gelassen. Später kam ich in eine andere Klinik, in die Abteilung für innere Medizin und sollte Endoskopie-Schwester werden. »Ja, ich mache es, aber ich will es lernen«, sagte ich. Ich wurde zur Weiterbildung geschickt und lernte alles Erforderliche. Später bildete man mich obendrein zur Hygienefachschwester aus, weil sie fanden, dass ich noch nicht ganz ausgelastet sei. Nach der Ausbildung musste ich ein vierwöchiges Praktikum in einer Klinik absolvieren. In der Säuglingsstation gab es einen Erreger, der zu Säuglingssterben bei den Frühchen geführt hatte. Sie suchten schon seit einem dreiviertel Jahr nach dem Überträger des Erregers, immer vom gleichen Stamm. Alles wurde kontrolliert, desinfiziert, untersucht, doch man fand den Erreger nicht. Ich durfte ein Team von Hygienefachleuten und Ärzten begleiten, die erneut die Station inspizierten. Abends, während einer Besprechung, mussten wir berichten, was uns aufgefallen war.

Ich kam an die Reihe und sagte: »Ich glaube, es ist der Arzt.« Wie bitte? Von allen Seiten wurde ich angegriffen! »Wie können Sie so etwas sagen«, fuhr man mich an. Also erklärte ich, wieso ich zu meiner Meinung kam: »Er ist unordentlich angezogen. Ich finde es merkwürdig, wenn ein Arzt so schlampig rumläuft. Dann hängen in seinem Bärtchen immer die Nasenpopel drin. Weil er so oft verlegen ist, streicht er sich mit den Händen andauernd durch den Bart.« Diese Aussagen schlugen erst recht ein, die Empörung war groß. Doch sie zeigten Wirkung: Am nächsten Tag wurden bei diesem Mediziner Proben in den Haaren und an den Händen genommen. Nach drei Tagen stand fest: Er hatte den Erreger in die Klinik gebracht! Er war es.

Der Professor stellte mir das Zertifikat aus, ich konnte heimgehen, einige Tage vor Ablauf. Das war ein kurzes Praktikum. Zu Hause waren alle überrascht, dass das so schnell ging mit dem Zertifikat, aber ich habe niemandem verraten, was passiert ist. So schön kann Klosterleben sein! Dieser Professor wollte mich später, als er eine eigene Klinik eröffnete, als Hygienefachschwester engagieren. Doch ich wurde nicht freigestellt. Stattdessen musste ich eine Sozialstation aufbauen. Leider gab es Differenzen wegen der Finanzen und mit einem Ortspfarrer. Weil ich morgens oft in den Gottesdienst im Nachbarort besuchte – dies passte zeitlich besser auf meiner Tour zu Insulinpatienten – wurde ich zum Prellbock zweier Pfarrer. Ich wurde deshalb sogar versetzt! Ich war am Boden zerstört, fühlte mich von allen ungerecht behandelt, war total aufgewühlt und bekam einen Herzinfarkt. Ich glaube, ich war manchen einfach zu schnell. Und meine fundierte Ausbildung empfanden viele als eine Bedrohung. Ich wusste einfach zu viel, habe mich immer für die Fortbildung der Schwestern eingesetzt und dies in einer Klinik sogar initiiert. Ich hielt das für richtig und wichtig für die Patienten, aber ich habe dadurch viel Eifersucht ausgelöst.

Als es mir wieder besser ging, kam ich auf eine andere Sozialstation, auch dort gab es gewisse Probleme, weil mir nachgesagt wurde, ich wolle mich nur wichtigmachen. Aber ich kann doch nicht gegen mein Wissen handeln! Einer unserer Patienten litt unter einem stark vereiterten Zeh, der einfach nicht heilen wollte. Ich sollte den Verband wechseln, war mit der verschriebenen Salbe nicht einverstanden und habe eine andere benutzt, die ich in meiner Tasche hatte. Nach zwei Tagen sah sich der Arzt den Fuß wieder an und wollte wissen, wer zuletzt verbunden hatte. Er war sehr erfreut: Der Fuß war geheilt und sauber! Von solchen Erfolgen lebt man. Abends habe ich mich beim lieben Gott bedankt, für seine Eingebungen. Die letzten 23 Jahre meines Arbeitslebens verbrachte ich wieder in einer medizinischen Fachklinik, in der ich mein Wissen in der Kardiologie, der Endoskopie und im Röntgen einbringen konnte.

Was haben Sie in Ihrer Freizeit gemacht?
Keine Ahnung, was Freizeit ist. Mein Beruf war mein Ein und Alles.

Was ist gut daran, in einem Orden zu leben?
Ich konnte mich voll auf meinen Beruf konzentrieren. Für alles andere war ja gesorgt. Man fühlt sich in der Gemeinschaft aufgehoben. Klar gibt es auch Reibereien, aber die gibt es überall, auch in der Ehe. Wenn die Krankenschwestern drei Tage lang vom vergangenen Wochenende erzählten und die anderen Tage, was sie am kommenden Wochenende vorhatten, dachte ich: »Das kann nicht gut gehen! Irgendjemand muss drunter leiden – der Patient.« Auch nachts habe ich mir oft Gedanken gemacht, was man besser oder anders machen kann im Tagesablauf, wie man die Patienten besser pflegen könnte, wie man ihnen das Le-

ben erleichterte. Die freien Schwestern hatten dafür doch gar keine Zeit. Sie mussten sich um ihren Haushalt kümmern.

Außerdem braucht man ein religiöses Fundament, sonst kann man das ja gar nicht leisten. Wer meint, dass es ohne den lieben Gott geht, ist ein Tor.

Fühlen Sie sich manchmal einsam?
Ich war immer beschäftigt. Den Rest meiner Zeit war ich müde und habe geschlafen.

Was waren glückliche Momente in Ihrem Leben?
Glückliche Momente gab es dann, wenn alles glattging. Wenn eine Operation wunschgemäß verlief.

Gab es Momente, in denen Sie mit Gott gehadert haben?
Nein, gehadert habe ich nicht. Ich habe solche Gedanken nie hochkommen lassen. Lieber bin ich spazieren gegangen und habe Lieder gesungen und die Vögel haben mir geantwortet. Es kommt immer darauf an, was man aus seinem Leben macht. Man muss sein Leben in die Hand nehmen. Das ewige Meckern und auf den anderen schauen, neidisch sein – das ist eine Seuche.

Wenn Sie zurückschauen, wie würden Sie Ihr Leben beschreiben?
Ein gutes Leben war das. Ich danke dem lieben Gott, dass ich diesen Beruf erlernen durfte und dass er mir immer Beistand geleistet hat. Was ich getan habe, ging nur mit dem Beistand Gottes und des Heiligen Geistes. Ich hatte auch noch ein paar andere Heilige, die ich anrufen konnte, beispielsweise Lukas, den Arzt.

Wenn Sie noch mal von vorne anfangen könnten, was würden Sie anders machen?
Ich würde Chirurgin werden.

Viele Menschen finden keinen Sinn in ihrem Leben. Was ist wichtig für ein erfülltes Leben?

Viele Menschen drehen sich viel zu viel um sich selbst. Man muss sich selbst zurücknehmen, man muss sich für die anderen öffnen. Es gibt Arbeit genug. Wir haben das Leben von Gott geschenkt bekommen, jeder Tag ist ein Geschenk. Damit muss man doch etwas machen! Als ich mich aus Altersgründen aus dem Krankendienst verabschieden musste, habe ich um eine Arbeit im Garten gebeten. Meinem Wunsch, einen Rosengarten anlegen zu dürfen, wurde entsprochen. Außerdem kümmere ich mich um einen anderen Garten, der verwahrlost war.

Natürlich ist unsere Generation ganz anders aufgewachsen. Die Jungen heute haben es viel schwerer, und das meine ich ernst. Die können sich kein Frühstück ohne Butter vorstellen, ohne Marmelade, Brot, Wurst und Müsli oder was sie sonst noch alles brauchen. Wir sind mit Pellkartoffeln aufgewachsen und mit Mehlsuppe. Das war unser Frühstück. Und die Medien sind auch schädlich. Die überschütten die Menschen mit all diesen Sachen. Die jungen Leute können einem leidtun. Es ist eine billige Zeit.

Was ist das Wichtigste im Leben?

Gottverbundenheit und Anstand. Den Nächsten schätzen und respektieren, ehrlich und aufrichtig sein. Und seinen Glauben leben, egal in welcher Religion. Man kann auch viel von anderen Religionen lernen.

~

*Muss ich auch wandern
in finsterer Schlucht, so fürchte
ich kein Unheil, denn du
bist bei mir, dein Stock und
Stab geben mir Zuversicht.*

(Ps 23,4)

DER TRAUM

*Schwester Maria Julitta, geboren 1945,
ist mit 22 Jahren in den Orden eingetreten.*

~

Schwester Maria Julitta, wie kam es zu der Entscheidung, ins Kloster zu gehen?
Zwei meiner Tanten waren Nonnen: eine Schwester meines Vaters und
eine Tante meiner Mutter, meine Großtante. Als ich neun Jahre alt
war, sagte meine Großtante zu mir: »Du gehst auch mal ins Kloster,
nicht wahr?« Das hat mich gefesselt und ich habe immer daran gedacht.
Als ich dann mit der Schule fertig war, fing ich als Kindergartenhelfe-
rin bei den Kreuzschwestern an und blieb drei Jahre. Danach ging ich
in die Haushaltschule, die auch von Schwestern geführt war. Sonst hatte ich immer Heimweh, wenn ich von zu Hause weg war, aber bei den
Schwestern war das nicht so. Ich fühlte mich wohl und so kam es, dass
auch ich in den Orden eintreten wollte.

Doch mein Vater ließ mich nicht. Ich war sein Liebling, die einzige
Tochter, ansonsten hatte ich drei Brüder. Und seine Schwester hatte
wohl keine leichte Ordenszeit gehabt. Mein Vater wusste davon und
fürchtete, dass es mir auch so ergehen könnte. Aber ich wollte unbedingt Schwester werden.

Einmal, als ich meine Tante besuchte, nahm sie mich zur Generaloberin mit. Sie fragte, ob ich nicht Kinderschwester lernen könnte. Die
Generaloberin fragte: »Willst du eintreten?«

»Ja, aber mein Vater möchte es nicht«, antwortete ich.

Doch dann machte ich einen Termin aus. Ich dachte einfach nicht mehr weiter nach, schließlich war ich alt genug, mein Leben selbst zu entscheiden. Ich habe es meinem Vater erst vier Wochen vor dem Eintrittstermin gesagt. Es war furchtbar für ihn. Er hat lange nicht mit mir gesprochen. Er wollte einfach seine Kinder nicht hergeben. Die Familie war für ihn das Wichtigste. Sechs Wochen nach meinem Eintrittstermin kam er ins Kloster und wollte mich wieder nach Hause holen. Die Generaloberin meinte, dass ich mich entscheiden müsse: gehen oder bleiben? Für mich war klar, dass ich im Kloster bleiben wollte. Es war die schwerste Entscheidung meines Lebens. Mein Bruder war auch anwesend. Er hat sehr geweint, als ich nicht mitgekommen bin.

Mein Vater hat mich, als ich Novizin war, noch zweimal im Kloster besucht, um mich umzustimmen. Meine Profess hat er gar nicht mehr erlebt. Er erlitt einen Herzinfarkt. Sein Tod hat mir sehr zu schaffen gemacht. Ich habe lange Zeit von ihm geträumt. Immer wenn ich in Schwierigkeiten war, hat er mir im Traum geholfen. Aber eines Tages sagte er im Traum zu mir: »Jetzt musst du alleine klarkommen.« Damit war es vorbei und er kam nie mehr.

Welche Arbeit haben Sie gemacht und wo war das?
Nach meiner Ausbildung als Pflegehelferin kam ich für ein Jahr in ein Kinderheim für Kinder aus schwierigen sozialen Verhältnissen. Es war ein Schock für mich. Ich kannte solche Zustände nicht. In meiner Gruppe waren 13 Jungen im Alter von drei bis 14 Jahren. Es war sehr schön und wir hatten ein gutes Verhältnis. Nach einem Jahr kam ich dann in ein anderes Heim und war dort für eine Mädchengruppe zuständig. Ich musste feststellen, dass Mädchen viel schwieriger sind als Jungen. Die Pubertät verlief viel dramatischer. Klar, ich weiß ja, dass ich in dem Alter auch ein bisschen überdreht war. In diesem Heim blieb ich fünf Jahre, bis eine neue Kindergärtnerin kam. Ich war ja keine Kindergärtnerin, sondern nur Helferin ohne mittlere Reife. Eine

Mitschwester, die mit mir zusammen eingetreten war, brachte mich auf die Idee, die Krankenpflegeschule zu besuchen. Die Generaloberin war einverstanden, und so kam ich ins Krankenhaus. Drei Jahre dauerte die Ausbildung, während der ich auf der Inneren, der Gynäkologie und der Chirurgie zu tun hatte. Später habe ich dann selbst eine Station geleitet, insgesamt sechs Jahre lang. Dann wurde ich in eine andere Klinik versetzt, arbeitete auf der »Inneren«, der Hals-Nasen-Ohren-Abteilung und im Operationssaal. Das war dann zu viel für mich.

Ich kam in eine andere Klinik, in der ich 16 Jahre lang arbeitete, bevor ich hier ins Haus kam. Im vergangenen Jahr bin ich selber erkrankt, operiert worden und habe Bestrahlungen bekommen. Im Moment geht es mir aber gut. Komischerweise hat es mich gar nicht mitgenommen. Ich habe mir gedacht: Wenn ich gehen muss, ist es Gottes Wille. Ich war nicht traurig, ich habe viel Kraft in mir gespürt. Viele Schwestern haben für mich gebetet, das merkt man einfach. Und so kann man es durchstehen. Der Glaube hilft mir.

Was haben Sie in Ihrer Freizeit gemacht?

Im Kinderheim habe ich an so etwas wie Freizeit gar nicht gedacht, auch später im Krankenhaus nicht. Das hat mir früher nicht so viel ausgemacht. Später durften wir manchmal einen Tag freinehmen, alle vier Wochen, aber wie gesagt: manchmal. Jetzt haben wir regelmäßig unsere freien Tage, die wir selbst gestalten können, und das tut mir gut. Ich fahre sehr gerne Fahrrad und unternehme Ausflüge.

Was ist gut daran, in einem Orden zu leben?

Wir haben alles. Man kann sich an den gedeckten Tisch setzen. Wir sind versorgt mit allem. Aber das Wichtigste ist die Gemeinschaft. Es gibt immer einige, mit denen man sich gut versteht. Immer wenn ich im Urlaub war, bin ich froh, wenn ich wieder in der Gemeinschaft bin. Das ist mein Zuhause. Das ist mein Weg. Auch ganz am Anfang hatte ich nie Heimweh. Daran sieht man ja, dass die Entscheidung richtig war. Manchmal gab es auch Zweifel, als ich jünger war. Aber ich habe mir immer gesagt: »Du hast diesen Weg gewollt und jetzt gehst du ihn auch«. Es war immer klar für mich, dass ich bleibe. Ich fühle mich von Gott gerufen und gewollt.

Fühlen Sie sich manchmal einsam?
Ich fühle mich nicht einsam. Ich bin gern alleine, aber einsam fühle ich mich nicht.

Was waren glückliche Momente in Ihrem Leben?
Dass ich in die Gemeinschaft aufgenommen wurde, dass der Orden mich aufgenommen hat. Mein 25-jähriges Jubiläum war schön. Es gab eine wundervolle Heilige Messe, der Kirchenchor hat gesungen und meine Geschwister waren da. Und bei den Kindern ging es mir immer gut. Ich habe mich immer als ihre Mutter gefühlt. Für diese Kinder zu sorgen, das war schön für mich. Und ich hätte nicht gedacht, dass es mir so gefallen würde, für die alten Schwestern da zu sein, ihnen zu helfen. Es ist wieder so, wie mit den Kindern. Es ist schön, mit ihnen zu reden. Aber ganz wichtig ist es, sie respektvoll zu behandeln, auch wenn sie manchmal schon ein bisschen durcheinander sind. Aber das sind alles Schwestern, die ganz viel gemacht haben, die standen draußen im Leben und haben gearbeitet, egal ob sie nun geputzt haben oder was auch immer. Man muss sie respektvoll behandeln. Auch wenn sie wieder so werden wie Kinder und vieles nicht mehr wissen. Sie brauchen sehr viel Zuwendung. Das ist wichtig.

Gab es auch Momente, in denen Sie mit Gott gehadert haben?
Direkt gehadert habe ich nicht, nein. Aber es gab mal eine schwere Zeit, in der ich vier Wochen alleine mit den Kindern war, weil meine Mitarbeiterin Urlaub machte. Ich hatte niemanden, der mir geholfen hat. So musste ich immer präsent sein, rund um die Uhr, ich konnte die Kinder ja nicht alleine lassen. Wenn in diesen Tagen was passiert

wäre – ich mag gar nicht daran denken. In dieser Zeit bin ich nur sonntags in den Gottesdienst gekommen und war praktisch nicht mehr Teil der Gemeinschaft. Das fiel mir schwer.

Wenn Sie zurückschauen, wie würden Sie Ihr Leben beschreiben?
Ich bin mit diesem Leben zufrieden. Es war ein gutes Leben. Ob Gott mit mir zufrieden war, werde ich erst erfahren.

Wenn Sie noch mal von vorne anfangen könnten, was würden Sie anders machen?
Was ich anders machen würde: zuerst einen richtigen Beruf erlernen! Ich würde nie mehr den Beruf erst im Orden erlernen. Das ist einfach zu viel.

Viele Menschen finden keinen Sinn in ihrem Leben. Was glauben Sie, ist wichtig für ein erfülltes Leben?
Ich weiß, wie viele Suchende es gibt. Man muss den Glauben mehr leben, aber das fällt vielen schwer, weil sie gar keinen richtigen Glauben mehr besitzen. Niemand hat es ihnen gezeigt. Vielleicht sollte man mehr auf sie zugehen, das Gespräch suchen über Gott, über unser Ordensleben. Mir liegt das aber nicht so, auf die Leute zuzugehen. Unsere Eltern waren eben auch religiös, nicht extrem fromm – normal – und sie waren gut zu uns. Wir sind zusammen in die Kirche gegangen am Sonntag, das hat einfach dazugehört. Mein Vater hat jeden Abend, bevor er ins Bett ging, die Bibel gelesen. Das gibt es heute fast nicht mehr.

Was ist das Wichtigste im Leben?
Gott ist das Wichtigste. Das Wissen: Er ist da für uns. Und Gesundheit ist wichtig, damit man jeden Tag aufstehen und seine Arbeit machen kann.

Freude des Herzens
ist für den Menschen Leben
und Frohsinn
verlängert seine Tage.

(Sir 30,22)

HEIMLICHE OHNMACHTEN

Schwester Dorothea, geboren 1928.
Sie trat mit 21 Jahren dem Orden bei.

~

Schwester Dorothea, wie kam es zu der Entscheidung, ins Kloster zu gehen?

In unserem Ort waren Vinzentinerinnen sehr präsent, im Ortskrankenhaus und in der Sozialstation. Ich fühlte mich wohl, wenn ich mit ihnen zusammen war. Nach der Schule besuchte ich die Haushaltsschule, die ebenfalls von Vinzentinerinnen geführt wurde. So entstand der Wunsch, auch zu diesem Orden zu gehören. Ich war die Älteste von sechs Kindern und mein Vater, ein Schmiedemeister, hatte gehofft, dass ich nach der Haushaltsschule im elterlichen Geschäft arbeiten könnte. Für ihn war es eine große Enttäuschung, dass ich ins Kloster ging. Schließlich war er aber einverstanden und gab mir auf den Weg: »Wie du dich bettest, so liegst du.«

Welche Arbeit haben Sie gemacht und wo war das?

Ich arbeitete in der Universitätsklinik, zunächst auf der Kinderstation, dann im Operationssaal. In der Klinik waren insgesamt 130 Ordensschwestern tätig. In den OP wollte ich absolut nicht. Ich habe einen Tag und eine Nacht geheult, aber es hat nichts genützt. Die OP-Schwester war energisch, resolut, sie war streng und tieffromm. Nie hätte ich geglaubt, dass ich so lange aushalten könnte. Ständig hegte ich den heimlichen Wunsch, im OP-Saal ohnmächtig zu werden, damit man mich raustragen musste und dann zur Erkenntnis kam, dass ich für diesen Dienst ungeeignet war. Leider passierte das nie, selbst nicht an einem Samstagnachmittag, als ein Waldarbeiter eingeliefert wurde. Ihm steckte ein Ast im Brustkorb. Wir bereiteten alles vor, pinselten den Ast und die Wunde mit Jod ein, bis der Professor kam. Er zog den Ast einfach heraus. Der Herzbeutel des Waldarbeiters war verletzt und eine Rippe gebrochen, mehr nicht. Wenige Tage später wollte ich auf der Männerstation nach dem Patienten sehen. Dort erfuhr ich, dass er für den Sonntagnachmittag nach Hause gefahren war! Solche Erlebnisse vergisst man nie.

Zwölf Jahre blieb ich im OP, dann versetzte man mich in eine andere Klinik. Die Nachricht traf mich hart. Ich wollte nicht weg. Als ich mich von meinem Chef verabschieden musste, fragte er mich: »Sind Sie gekommen, um mit mir zu weinen?« Uns liefen beiden die Tränen übers Gesicht. Die Generaloberin hat mich persönlich in einem schwarzen Mercedes zum Hospital begleitet. Auch in der anderen Klinik kam ich wieder in den OP. Mein Chef war ernst und wortkarg. Es war nicht leicht mit ihm, es dauerte, bis er ein wenig herzlicher wurde. Der Oberarzt indes war mir eine große Stütze. Während der Sprechstunden des Chefs bin ich wieder mit Leuten in Kontakt, ins Gespräch gekommen. Es war eine schöne Zeit, denke ich im Rückblick. 25 Jahre blieb ich im OP, es wurde mein Leben.

Was haben Sie in Ihrer Freizeit gemacht?
Ich hatte wenig Freizeit, anfangs gar keine, auch wegen der vielen Bereitschaftsdienste. Die Energie für die Arbeit kann man sich nur im Gebet holen. Das Gebet hat mir in all diesen Jahren Kraft gegeben. Ich

habe versucht, immer zur Messe zu gehen. Aber es war schon eine harte Zeit. Oft blieb nicht mal Zeit zum Essen.

Silvester war immer furchtbar, da waren wir die ganze Nacht auf den Beinen, weil wir so viele Verletzte versorgten. Später gab es mehr Personal und ich konnte mich zwischendurch ausruhen und Schlaf nachholen.

Was ist gut daran, in einem Orden zu leben?

Ich habe es keine Stunde bereut. Ich habe mich immer wohl und zu Hause gefühlt. Wir haben schöne Feste erlebt, Ordensfeste oder Fastnacht mit Theater und Verkleiden. Da habe ich immer gerne mitgemacht. Ich bin jetzt fast sechzig Jahre im Orden. Ich bin hier daheim, aber man muss auch was dazu beitragen. Man muss mitmachen, sich nicht zurückziehen. In einer Familie muss man das auch.

Fühlen Sie sich manchmal einsam?

Ich habe mich nie einsam gefühlt. Das kommt aber auf den Einzelnen an. Klar, zieht man sich auch mal zurück, aber wenn die Gemeinschaft etwas bietet, dann muss man auch teilnehmen. Das ist unsere Pflicht.

Was waren glückliche Momente in Ihrem Leben?

So hart die Zeit manchmal war, denke ich trotzdem gerne zurück. Im Laufe der Jahre habe ich erkannt, dass ich eigentlich nichts anderes gewollt hätte, als im OP zu arbeiten. Obwohl es keinen Dank und kein Lob gab, sondern beinahe selbstverständlich war. Jeden Abend sprach ich durch die Lautsprecher für alle das Nachtgebet. Eines Tages wurde ich zu einem Patienten gerufen, der verlangt hatte, die Schwester zu sprechen, die jeden Abend betete. Er sagte zu mir: »Das Nachtgebet können Sie bleiben lassen.« Ich antwortete: »Wenn Sie es nicht ertragen, ein Gebet zu hören, dann sind Sie hier im falschen Krankenhaus.« Danach beschwerte er sich nicht mehr.

Gab es Momente, in denen Sie mit Gott gehadert haben?

Nein. Ich war zufrieden. Zwar musste ich mich erst mal hineinfinden, aber später war es dann doch immer gut. In meiner ersten Zeit war es schwer, wir hatten diese strenge Operationsschwester, die besonders mit uns Jungen hart ins Gericht ging.

Wenn Sie zurückschauen, wie würden Sie Ihr Leben beschreiben?

Ich habe mich in meinem Leben zufrieden und glücklich gefühlt.

Wenn Sie noch mal von vorne anfangen könnten, was würden Sie anders machen?

Nichts. Ich war die geborene OP-Schwester.

Viele Menschen finden keinen Sinn in ihrem Leben. Was ist wichtig für ein erfülltes Leben?

Jeder Mensch ist anders. Auch ich hätte einen anderen Beruf erlernen können. Aber wäre ich dann so glücklich geworden? Ich war mit so vielen verschiedenen Menschen zusammen und musste sie nehmen, wie sie sind. Mir hat mein Humor geholfen, meine positive Einstellung. Aber manche sind immer unzufrieden und machen sich das Leben selbst schwer, obwohl sie eigentlich alles haben. Ich war immer zufrieden mit dem, was ich hatte.

Was ist das Wichtigste im Leben?

Dass man sich angenommen und geborgen fühlt.

~

Lasset die Kinder zu mir kommen.

(Mk 10,14)

REIFEPRÜFUNG

Schwester Maria Erentrud, Jahrgang 1924.
Sie trat mit 24 Jahren in den Orden ein.

~

Schwester Maria Erentrud, wie kam es zu der Entscheidung, ins Kloster zu gehen?
Ich war bereits ausgebildete Kindergärtnerin. Während des Krieges
arbeitete ich mit zwei Kolleginnen in einem Kinderheim der Luftwaffe in Bad Reichenhall. In unserem Heim lebten viele Kinder aus Ber-
lin, die »landverschickt«, also wegen der Luftangriffe aus den Städten in
weniger bevölkerte Gebiete gebracht worden waren. Gegen Ende des
Krieges wurden die Zustände in unserem Heim chaotisch. Aus einer
Einrichtung in der Nähe brachte man uns Babys, die ihre Pflegerinnen
(NS-Schwestern) im Stich gelassen hatten. Es handelte sich um die
Kinder von Nachrichtenhelferinnen im Einsatz. Obwohl Reichenhall
und Berchtesgaden offene Lazarettstädte waren, gab es Luftangriffe.
Unser Haus hatte keinen Luftschutzkeller, sondern so genannte »Split-
tergräben« im Park. Bei Alarm mussten wir dort Schutz suchen mit
unseren Kindern, die alle an Masern und Windpocken erkrankt waren.
Gott sei Dank sind wir immer verschont geblieben.

Die »braunen Schwestern«, die Nazi-Krankenschwestern, flohen, als
die amerikanischen Truppen näher kamen. Wir saßen alleine da und

mussten schauen, wie die Kinder wieder zu ihren Familien zurückkamen. Zum Glück waren die Adressen entweder im Heim selbst oder bei der Dienststelle der Luftwaffe hinterlegt. Wir konnten also Kontakt aufnehmen und die Kinder wurden nach und nach von ihren Eltern oder Verwandten abgeholt. Als alle Kinder versorgt waren, gingen wir in unsere Heimat zurück.

Im August 1945 kam ich zurück in das zerstörte Freiburg. Ich weiß noch, wie ich am Bahnhof saß und bitterlich weinte, als ich diese Trümmerlandschaft sah, so trostlos und traurig. Mein Vater war Lehrer und vermittelte mir eine Stelle im Waisenhaus der Vinzentinerinnen. Dort betreute man Waisen und Kinder aus schwierigen Familienverhältnissen. Ich lernte die Art und die Arbeit der Vinzentinerinnen kennen und schätzen. Als ich mich dann entschloss, einzutreten, war meine Familie zunächst sehr überrascht. Doch sie haben meine Entscheidung respektiert.

Welche Arbeit haben Sie gemacht und wo war das?
Im August 1948, als ich dem Orden beitrat, war das Mutterhaus zerstört und wir lebten in einem Provisorium. Ich habe von Anfang an gesagt, dass ich wieder in einem Kinderheim arbeiten will. Als Novizin kam ich dann aber in einen Kindergarten in Buchen, Odenwald, eine Einrichtung mit 150 Kindern und drei Helferinnen. Wieder zog ich in ein Provisorium ein. Trotz der bescheidenen Umstände waren es für die Kinder und mich schöne, unvergessliche Jahre. Ich glaube, dass ich viel dazu beitragen konnte, dass sich auch die zahlreichen Flüchtlingskinder bald heimisch fühlten. Die ältesten Kinder sind heute Großeltern, besuchen mich aber immer noch. Nach der ewigen Profess sollte ich eigentlich an einem Seminar für Jugendleiterinnen teilnehmen, doch ich wurde krank und musste drei Monate lang aussetzen. Danach entsandte man mich wieder in das Kinderheim, in dem ich nach meiner Ausbildung tätig war – doch dieses Mal kehrte ich als Ordensfrau zurück. Nach zehn Jahren kam ich in ein anderes Kinderheim und blieb dort

noch mal zwei Jahre. Mit 51 Jahren dann ein großer Schnitt: Im Mannheimer Theresienkrankenhaus suchte man eine Schwester für das chirurgische Schreibzimmer. Dort werden die Krankendokumentationen verwaltet, das Archiv der Chirurgie und die Anmeldungen der jeweiligen Patienten. Aus dieser Vertretung, die für vier Wochen angedacht war, wurden schließlich 30 Jahre. Zum Schluss arbeitete ich in der Patientenaufnahme und lernte auf meine alten Tage noch mit dem Computer umzugehen. Das war interessant. Nach meinem 80. Geburtstag habe ich dann aufgehört. Ich wäre gerne wieder zu den Kindern zurückgegangen, aber die haben mich nicht mehr gehen lassen. Vielleicht liegt die Freude an der Arbeit mit Kindern in der Familie: Mein Vater war Lehrer, mein Opa war Lehrer und mein Bruder ebenfalls.

Was haben Sie in Ihrer Freizeit gemacht?

Freizeit hatten wir nicht, aber das hat uns nicht gestört. Wir waren jung und im Schwung. Wir hatten unsere Gebetszeiten, an die wir uns hielten, mehr nicht.

Was ist gut daran, in einem Orden zu leben?

Eine religiöse Gemeinschaft trägt einen. Freundschaft war früher nicht so gerne gesehen, aber das ist heute anders. Wenn man sich mit jemandem austauschen kann, dann löst sich bei beiden etwas. Es gibt auch Zeiten, in denen das Beten nicht so leichtfällt, aber in diesen Phasen trägt einen die Gemeinschaft. Nie würde ich sagen, der Orden sei beengend. Aber klar, wenn einer mir früher gesagt hätte, dass ich mal ins Kloster gehen würde, hätte ich den für verrückt erklärt. Jetzt weiß ich, ich würde es wieder tun. Wir sind im Alter gut versorgt. Vielleicht ist das auch der Dank dafür, dass wir ein Leben lang für andere da waren. Wenn man müde ist und nicht mehr will, ist es gut, wenn man nicht muss, verstehen Sie? Der gute Wille ist sicher bei allen vorhanden, aber wir sind keine Heiligen, wir alle nicht. Dass heute kaum noch junge Frauen in den Orden eintreten, ist schade, aber die Zeiten haben sich geändert. Jeder kann lernen, was er will. Es gibt heute viele Menschen, die Gutes tun, auch ohne einen Schleier zu tragen.

Fühlen Sie sich manchmal einsam?

Oh ja. Das gibt es. Das gehört auch zum Leben, diese Stunden muss man durchleben, um andere besser zu verstehen. Es gibt auch Momente, in denen man zweifelt, ob man alles richtig macht, gerade, wenn man jünger ist. Wenn man älter ist, freut man sich über jeden Tag, der gut verläuft.

Was waren glückliche Momente in Ihrem Leben?

Ich erinnere mich, dass ich als Postulantin auf der Kinderstation in einer Klinik arbeitete, ganz in der Nähe meines Elternhauses. In dieser Zeit durfte man keinen Kontakt zu seiner Familie haben. Das fiel mir schwer, denn ich wusste, dass mein Vater jeden Morgen auf seinem Weg zur Schule an der Klinik vorbeikam, ohne mich besuchen zu dürfen. Meine Brüder waren schlauer. Die suchten den Kontakt zu meiner Novizenmeisterin und kamen an einem Sonntag einfach vorbei. Meine ganze Familie machte sich Sorgen, dass ich einen merkwürdigen Namen bekommen würde. Meine Brüder sagten zu meiner Novizenmeisterin, dass sie nun wüssten, wo sie diesen Namen fänden: in der Apotheke. Sie schrieben einfach die Namen von Medikamenten rückwärts auf. Bis zuletzt hat mein Vater gehofft, dass ich einen Namen bekomme, den die Kinder wenigstens aussprechen konnten. Mit Maria war er zufrieden. Erentrud kam später hinzu, von einer Oberin.

Gab es auch Momente, in denen Sie mit Gott gehadert haben?

Es war ein Freitag vor Pfingsten, als mich in Buchen ein Telefonanruf erreichte. Ich müsste nach Hause kommen, mein Vater sei schwer erkrankt. Ich fuhr sofort ins Mutterhaus und fragte, in welchem Krankenhaus mein Vater behandelt wurde und was mit ihm los war. Eine Schwester kam aus der Kapelle. Sie drückte mir ihr Beileid aus. Ich war fassungslos: Mein Vater war erst 50 Jahre alt! Später erfuhr ich, dass er in unserem Schrebergarten einen Herzinfarkt erlitten hatte. Ich weinte, bekam aber, weil ich Novizin vor der Profess war, nicht die Erlaubnis, meine Mutter zu besuchen. Abends kam mein Bruder mit dem Fahrrad ins Mutterhaus und teilte uns mit, dass Mutter zusammengebrochen war. Sie ließen mich dann zu ihr, aber nur tagsüber. Übernachten musste ich im Mutterhaus. Ich war die Älteste von fünf Geschwistern, und mein Onkel empfahl mir, aus dem Orden auszutreten, um meiner Mutter beistehen zu können; ich könne doch später wieder zurückkehren. Aber das wollte ich nicht. Wenn mich meine Mutter gebeten hätte – dann wäre es etwas anderes gewesen. Zunächst fuhr ich zurück nach Buchen zu den Kindern. Meine Mutter, die nach dem Tod ihres Mannes alleine dastand, war völlig entkräftet und musste zur Kur geschickt werden. Eine Elisabethschwester, die als Familienpflegerin arbeitete, kümmerte sich um den Haushalt und meine Geschwister, bis sich meine Mutter erholt hatte.

Im Mai war meine Profess und es hieß, dass von meiner Familie niemand käme. Es war ein trüber, regnerischer Tag. Plötzlich sah ich meine Mama, die ganz hinten in einer Bank saß mit ihrer schwarzen Kleidung. Ich war unglaublich erleichtert. Meine Mutter hat es auch geschafft, meine Schwestern und Brüder durchzubringen. Alle konnten studieren, wohnten zu Hause und gaben Nachhilfestunden, um Geld zu verdienen. Sie vermietete Zimmer an Studenten und konnte so das Haus halten.

Wenn Sie zurückschauen, wie würden Sie Ihr Leben beschreiben?
Es gab gute Zeiten und schwere Zeiten, die ich ohne schwesterliche Begleitung und ohne meine Religion sicher nicht hätte tragen können.

Wenn Sie noch mal von vorne anfangen könnten, was würden Sie anders machen?
Ich würde es wieder so machen, aber vielleicht manches leichter nehmen. Manchmal mache ich mir zu viele Gedanken. Ich bin zu sensibel.

Viele Menschen finden keinen Sinn in ihrem Leben. Was ist wichtig für ein erfülltes Leben?

Die Religion spielt keine große Rolle mehr im Leben der Menschen. Statt sonntags in die Kirche zu gehen, laufen sie lieber auf den Sportplatz. Für uns Kinder war es klar, dass wir sonntags den Gottesdienst besuchen, das war gar kein Thema. Sonntag ist der Tag des Herrn, wir trugen früher Sonntagskleider. Heute treffen sich sonntags die Politiker zu Besprechungen. Die Haltung wird durch das Elternhaus geprägt, man muss Zeit haben für Kinder, sich die Zeit nehmen, ein Vorbild sein. In vielen Familien wird nicht einmal mehr zusammen gegessen. Jeder kommt zu einer anderen Zeit nach Hause und wärmt sich sein Essen in der Mikrowelle auf. Die Kinder tun mir leid, aber die Eltern auch.

Was ist das Wichtigste im Leben?

Für mich ist es wichtig, mit mir, mit dem lieben Gott und mit den anderen Menschen zufrieden zu sein. Es wird viel zu viel gemeckert.

~

DIE FLUCHT

*Schwester Engratia, Jahrgang 1929.
Sie ist Ordensschwester seit ihrem 20. Lebensjahr.*

~

Schwester Engratia, wie kam es zu der Entscheidung, ins Kloster zu gehen?
Als ich 15 Jahre alt war, musste ich mit meiner Familie aus Danzig flie-
hen. Ich erinnere mich noch gut daran, es war der 25. März 1945, früh
am Morgen und noch dunkel draußen, als wir schwer bepackt unsere
Wohnung verließen. Zum Glück war die ganze Familie zusammen,
auch mein Vater, der als Zollbeamter von seinem Einsatz im Schweizer
Jura zurückgekehrt war. Meine neunjährige Schwester und sogar meine zwei Brüder, die erst fünf Jahre alt waren, schleppten Rucksäcke.
Mutter ließ die Wohnung unverschlossen, was mich damals empörte,
aber sie erklärte, dass sonst die Soldaten alles kaputt machen würden.
Zunächst gingen wir zur Wiebenkaserne, in der mein Onkel Soldat
war. Dort fühlten wir uns sicher, bis es Nacht wurde und wir losgehen
konnten. Es hatte mehrere Luftangriffe gegeben in den vergangenen
Stunden, sodass wir eine brennende Stadt verließen. Wir betraten die
einzige Brücke, die aus der Stadt führte und die ebenfalls brannte. Wir
liefen, immer schneller. Gerade als wir die andere Seite erreicht hatten,
flog die Brücke in die Luft.

Die ganze Nacht hindurch wanderten wir durch die Dörfer, ohne Wasser. In Schnakenburg trafen wir auf viele Flüchtlinge, die von der Wehrmacht mit Lebensmitteln versorgt wurden. Mein Vater übernahm das Regiment und kochte für alle Eintopf in einem großen Kessel. Immer wieder gab es Bombenangriffe. Schließlich wanderten wir weiter bis Schivenhorst, wo wir in der Nacht bei Schneeregen mit kleinen Booten auf die Halbinsel Hela übergesetzt wurden. Inzwischen waren bei uns noch drei Kinder im Alter von drei, acht und zehn Jahren dazugekommen, die unterwegs ihre Angehörigen verloren hatten. Im Sammellager in Hela wurden die Findelkinder übernommen. Acht Tage konnten wir auf Hela bleiben, dann wurde die ganze Insel von der Wehrmacht geräumt. Ein paar Meter vom Strand entfernt wartete ein großes Schiff, die »Orundi«, darauf, die Flüchtlinge aufzunehmen, 2000 insgesamt. An Deck lagen viele verwundete Soldaten. Als die Nacht hereinbrach, fuhr das Schiff endlich los. Wohin? Wir wussten es nicht. Die Fahrt dauerte zwei Tage und war sehr gefährlich, weil wir von russischen U-Booten und Flugzeugen verfolgt wurden; die »Orundi« schoss ein feindliches Flugzeug ab. Ich erinnere mich, dass das Schiff einmal getroffen wurde und wir alle Schwimmwesten anlegen mussten. Schließlich erreichten wir dänische Gewässer. Kopenhagen, wir liefen Kopenhagen an. Von den Behörden bekamen wir zunächst keine Erlaubnis, von Bord zu gehen. Die Deutschen waren überall verhasst. Tagelang mussten wir warten, bis wir schließlich aufgefordert wurden, das Schiff zu verlassen. Am Bahnhof wartete ein langer Zug auf uns, in den wir einsteigen mussten, keiner von uns wusste, wo wir hingebracht wurden. Nach einer endlos langen Fahrt landeten wir in Jütland, an der äußersten Spitze Dänemarks. Wir wurden auf kleine Häuser und Baracken verteilt, die vorher von der Wehrmacht genutzt wurden. Es gab viel Ungeziefer, aber wir fanden auch Geschirr und Stiefel und konnten uns notdürftig einrichten. Die Lagerleitung sorgte dafür, dass alle geimpft wurden und Lebensmittel bekamen. Zwei Jahre blieben wir dort, umgeben von Stacheldraht und streng bewacht.

Trotzdem versucht man, sich auch in solch schweren Zeiten einen kleinen Alltag einzurichten. Mein Vater begann die Schuhe der Leute zu reparieren und verwendete dazu die alten Soldatenstiefel, die überall herumlagen. Die Kinder erhielten regelmäßig Schulunterricht von einer ehemaligen Lehrerin. Die Menschen halfen sich gegenseitig. Wir hielten zusammen. Allmählich wurde auch der Kontakt zu den dänischen Wachleuten besser und Vater durfte sogar ab und zu das Lager verlassen, um »spazieren zu gehen«. In Wirklichkeit eilte er schnurstracks zum nächsten Bauernhof, wo er seine Arbeitskraft gegen Lebensmittel anbot.

1947 durften wir das Lager endlich verlassen, zunächst kamen wir nach Kolding, in ein Sammellager; von dort ging es weiter nach Flensburg und schließlich nach Offenburg in Baden. Wir wurden dem Landkreis Waldshut zugeteilt und landeten zuletzt in Weizen bei Stühlingen, wo uns der Bürgermeister mit dem Pferdefuhrwerk in Empfang nahm. Ein kleines, leicht zerfallenes Haus wurde unser neues Heim, in dem wir uns nach und nach einrichteten. Mein Vater bekam Arbeit als Messner der Dorfkirche und ich fand zum Glück eine Anstellung als Hausgehilfin im Krankenhaus. Immerhin 30 Mark konnte ich zum Haushalt beisteuern. Im Krankenhaus habe ich unsere Schwestern kennen gelernt. Sie haben sich sehr um uns Mädchen gekümmert. Oft gingen wir am Sonntagnachmittag zusammen wandern, immer war die Gitarre im Gepäck. Die Schwestern waren fröhlich und sehr nett zu uns und in mir wuchs der Wunsch: »So eine will ich auch mal sein.« Ich fing an, Fragen zu stellen: »Wie ist das bei euch?« Später musste ich mir anhören, dass ich sie geradezu gelöchert hätte. Durch ihre Art haben die Schwestern gewiss dazu beigetragen, dass ich mich für ein Leben im Kloster entschied.

Mein Vater fand die Idee zunächst nicht so gut. Wir waren zwar katholisch, aber in Danzig durften wir das während der Nazizeit nicht zugeben, wegen Vaters Dienst beim Zoll. Wir durften nur angeben, »gottgläubig« zu sein. Mutter hat uns das Nachtgebet gelehrt und die

Weihnachtslieder, alles heimlich. Wenn das herauskäme, wussten wir, würde Vater brotlos. Deshalb hatte ich auch noch keinen Weißen Sonntag gehabt. Erst in Dänemark konnten wir Lagerkinder am Kommunionsunterricht teilnehmen. Eine Katechetin kam extra deswegen zu uns ins Lager und bereitete uns vor. Mit der Pferdedroschke wurden wir dann zum Weißen Sonntag abgeholt in die Kapelle des städtischen Krankenhauses von Aalborg, in dem Dominikanerinnen wirkten. Dort habe ich zum ersten Mal Ordensschwestern erlebt. Weil ich kein Kleid hatte, bekam ich von den Schwestern ein weißes Ordenskleid ausgeliehen. Später habe ich das als Vorzeichen gesehen.

Welche Arbeit haben Sie gemacht und wo war das?
Ich lernte Krankenschwester in Freiburg und verliebte mich in diese Stadt. Nach der Profess habe ich auf der Privatstation eines Herzspezialisten gearbeitet. Aber ich blieb nicht lange und wechselte in den nächsten Jahrzehnten einige Male die Klinik. 1979 übernahm ich die Nachtwache in einem Alten- und Pflegeheim. Das habe ich zehn Jahre gemacht, bis ich herzkrank wurde und immer wieder in Behandlung musste. Als es mir wieder besser ging, übernahm ich den Tagesdienst. Das hat mir Spaß gemacht mit den alten Leutchen. Auch später, als ich nicht mehr voll arbeiten konnte, habe ich dort weitergemacht. Die Aktivierung von alten Leuten ist was ganz anderes als bei alten Ordensschwestern. Unsere Schwestern haben ihr Leben gelebt, man kommt nicht so leicht an sie heran, wenn man ihnen etwas vorlesen will. Vor einem Jahr bin ich dann von Freiburg hierhergekommen. Die Stadt fehlt mir. Ich bin ein Stadtmensch! Ich will auch mal ein Schaufenster sehen. Ich will gar nichts kaufen, aber ich will sehen, was geboten wird. Das fehlt mir.

Was haben Sie in Ihrer Freizeit gemacht?
In der Klinik hatten wir eigentlich nicht frei. Es war immer so viel zu tun und dann gab es ja auch noch Nachtwachen. Aber jetzt habe ich

Zeit. Ich bastle gerne und lege mir gerne Mappen an, mit allen wichtigen Ereignissen, die in meinem Leben und der Welt passieren.

Was ist gut daran, in einem Orden zu leben?

Meine Ordensjugend war besonders schön. Zu acht sind wir eingetreten. Wir hatten so viel Spaß zusammen, wir haben uns verkleidet und Theater gespielt, Musik gemacht und Fasching gefeiert. Die alten Schwestern haben uns Streiche gespielt und lachten herzhaft, wenn wir darauf hereinfielen. Zu dieser Zeit kamen auch die indischen Mädchen, was natürlich spannend war; sie trugen noch Saris, bis sie eingekleidet wurden. Einmal hatten wir Hausferien und gingen nach Mooswald zum Federballspielen. Bei unserer Heimkehr bekamen wir eine Menge Ärger, weil Federballspielen verboten war. Wir mussten uns entschuldigen. Heute wäre das natürlich nicht mehr so. Viele Sorgen, die meine Bekannten »draußen« haben, kenne ich gar nicht. Wir haben unsere Vorgesetzten, zu denen wir mit unseren Sorgen gehen. Wenn wir etwas brauchen, gehen wir auch hin. Andere Menschen müssen sparen, wenn sie in den Urlaub fahren oder sich etwas kaufen wollen. Wir nicht, wir gehen zur Oberin. Wir leben sparsam, aber wir sind gut versorgt, mehr als gut versorgt. Der Orden ist wie eine Familie, die Oberin unsere Mutter. Natürlich muss man auch mithelfen, wie in jeder Familie.

Fühlen Sie sich manchmal einsam?

Nein, es gibt immer Mitschwestern, mit denen man sprechen kann.

Was waren glückliche Momente in Ihrem Leben?

Mir ist es gut gegangen. Vor allem bei den alten Leutchen war es schön, denen konnte ich helfen. Ich habe viel Schönes mit denen gemacht.

Gab es Momente, in denen Sie mit Gott gehadert haben?

Es gab schwere Momente, in denen man sich durchboxen musste, sich gefragt hat, ob man so weitermachen kann oder lieber fortgehen soll. Aber ich habe das Handtuch nicht geschmissen. Es war nicht alles Gold, es gab auch dunkle Zeiten.

Wenn Sie zurückschauen, wie würden Sie Ihr Leben beschreiben?
Ein Leben mit Höhen und Tiefen, aber ein gutes Ordensleben.

Wenn Sie noch mal von vorne anfangen könnten, was würden Sie anders machen?
Ich würde gerne noch mal von vorne anfangen, aber mit meinem jetzigen Erfahrungsschatz. Aber ändern würde ich wohl nicht viel.

Viele Menschen finden keinen Sinn in ihrem Leben. Was ist wichtig für ein erfülltes Leben?
Der Glaube.

Was ist das Wichtigste im Leben?
Für mich: Dass ich überhaupt noch hier sein darf. Ich bin ja schon zweimal fast gestorben. Ich muss mich freuen, dass ich noch hier bin, und dankbar dafür sein. Der Herrgott wollte mich noch nicht und jetzt mache ich das Beste daraus.

~

LEBENSKREISE

*Schwester Theotima, geboren 1930.
Sie ist Ordensschwester seit ihrem 20. Lebensjahr.*

∼

Schwester Theotima, wie kam es zu der Entscheidung, ins Kloster zu gehen?
Ich habe den Krieg als Kind erlebt, meine beiden Brüder kämpften an
der Front. Unsere Familie durchlebte große Sorgen und Ängste. Wenn
die Brüder im Urlaub zu Hause waren, gab es Dramen, sie wieder gehen zu sehen. Wir haben gebetet. Meine Eltern, die eine Mühle und
eine kleinere Landwirtschaft besaßen, erzogen uns religiös. Gebete
gehörten zum Tag wie die Nahrung. In unserem Dorf lebten keine
Ordensschwestern, doch als ich die Nähschule im nächsten Ort besuchte, lernte ich einige kennen. Als ich das erste Mal dahinkam, war
ich viel zu früh dran für den Unterricht, also besuchte ich die Frühmesse. Die Sammlung und Frömmigkeit der Schwestern beeindruck-
ten mich sehr. Auch in der Nähschule spürte ich eine sehr gute Atmosphäre; obwohl wir zu acht am Tisch saßen, blieb die Schwester immer
ruhig, geduldig und freundlich. Das hat mich fasziniert. Ich konnte
mir ein Leben im Orden vorstellen. Irgendwann begann das innere
Ringen, ich fragte mich: Sollte ich es wagen? War ich für ein Leben
im Orden geschaffen?

Meine Mutter schickte mich weg, um Kochen zu lernen. Als ich zurückkehrte, glaubte sie, dass ich nun damit beginne, meine Aussteuer zu machen, so lief das damals. Doch ich war nicht daran interessiert. Ich war gerne mit meinen Freundinnen zusammen, die schon früh anfingen, sich für Jungen zu interessieren. Mir wurde klar: Das ist gar nicht meine Richtung. Ich war anders, ich zog mich gerne zurück und las Bücher. Ich dachte darüber nach, in ein Kloster einzutreten, vier, fünf Jahre lang dachte ich darüber nach. Es war ein langer, innerer Kampf: An einem Tag gefiel mir der Gedanke, am nächsten nicht.

Aber es war immer ein Anruf da, das habe deutlich gemerkt. Eines Tages, an Pfingsten, habe ich mich sicher gefühlt. Es war ein schöner, warmer, sonniger Tag, als meine Familie und ich zusammen zur Eucharistiefeier in die Kirche der Corpus-Christi-Bruderschaft gingen. Während der Messe bekam ich plötzlich eine innere Sicherheit und gleichzeitig breitete sich ein großer Frieden in mir aus. Ich wusste, was ich zu tun hatte. Nach der Kirche ging ich nicht wie sonst mit meiner Familie zum Großvater, sondern ging alleine nach Hause zurück. Ich war mir nun sicher: Heute werde ich mich anmelden, heute schreibe ich. Doch ich konnte es meinen Eltern nicht sagen. Ich schrieb einen Brief an den Orden und gab ihn meinen Eltern, damit sie ihn lasen. Es war nicht leicht. Es sind Tränen geflossen. Wie das eben so ist, wenn die Eltern merken, dass sie ihr Kind gehen lassen müssen. Aber sie akzeptierten meine Entscheidung. Meine Brüder waren glücklicherweise beide gesund aus dem Krieg zurückgekehrt.

Welche Arbeit haben Sie gemacht und wo war das?
Auf meinen Brief kam schon bald eine ermutigende Antwort. Man könne ersehen, dass ich berufen sei, schrieb man mir, und dass man wegen das weiten Weges – das Kloster war knapp 300 Kilometer entfernt und die Bahnverbindung schlecht – von einer persönlichen Vorstellung absehen würde. Stattdessen erfuhr ich gleich meinen Eintrittstermin: September. Wir waren neun Mädchen. Wir durften uns kurz

kennenlernen, aber dann sollten wir schweigen, nicht mehr von zu Hause erzählen, schon aus Gründen des Heimwehs. Wir wurden ins Ordensleben eingeführt, neun Monate bis zur Einkleidung. Manche sehnten sich nach ihrem Elternhaus, fragten sich, ob sie das durchhalten könnten, aber ich war mir ganz sicher. Ich hatte meinen Kampf vorher ausgetragen. Wir bestärkten uns gegenseitig. Alle neun Mädchen erschienen zur Einkleidung. An diesem Tag habe ich meine Eltern wiedergesehen, es war ein denkwürdiger Tag. Weil das Mutterhaus zerbombt war, fand die Feier im Haus statt, in dem wir heute unser Gespräch führen. Für mich schließt sich also ein Kreis: Anfang und Ende verbringe ich am gleichen Ort.

Gegen Ende des Noviziats durften wir von unseren Neigungen erzählen und einen Berufswunsch äußern. Ich wusste schon länger, dass ich Krankenschwester werden wollte. Mein Anliegen wurde akzeptiert und ich kam in eine medizinische Klinik, in der 120 Ordensschwestern tätig waren. Nach zwei Jahren habe ich dann Examen gemacht. Genau 30 Jahre blieb ich dort, auf den Tag genau drei Jahrzehnte. In der Kardiologie, einem sehr schweren Arbeitsfeld mit vielen akuten Fällen. Wir hatten acht bis zehn Überwachungsgeräte in unserem Dienstzimmer, es gab immer viel Aufregung, Hektik, es ging oft um Leben und Tod.

Nach 30 Jahren habe ich gemerkt, dass ich verbraucht war. Obwohl es bei uns hieß, dass man nie um eine Versetzung bitten soll, habe ich den Mut gefasst, es doch zu tun. Ich wollte in die Altenpflege gehen, einfach Zeit mit den Menschen verbringen. Aber die Generaloberin hat es als Gottes Fügung betrachtet, dass ich in einem anderen Krankenhaus, in dem jemand ausgefallen war, eine Station übernehmen könne. Altenpflege? Könnte ich doch später noch machen! Ich leitete dann eine Station für Allgemeinmedizin, mit vielen Schlaganfallpatienten und Krebskranken, die Arbeit war keineswegs leichter, nur anders. Ich war 52. Um mich herum so viele junge Schwestern, noch jüngere Schwesternschülerinnen. Ich habe mir gesagt: Wenn ich das noch jenseits der 60 mache, komme ich mir vor wie eine Oma. Also habe ich nach zehn Jahren die Generaloberin gefragt, ob sie nicht im Mutterhaus noch jemand gebrauchen könne, eine Art »Mädchen für alles«. Sie willigte ein. Ich kam dann ins Refektorium und durfte für das Essen sorgen, Tische decken. Ich packe gerne zu und es hat mir Freude gemacht, aber mit 78 habe ich dann wieder gesagt: Es ist Zeit.

Und seither lebe ich hier, an dem Ort, wo meine Geschichte begann. Ich habe mich vorher innerlich darauf eingestellt, denn ich wusste, das ist die letzte Wegstrecke. Und es geht mir gut, ich habe viele Bekannte wiedergetroffen. Es war, als komme ich nach Hause zurück. Eigentlich habe ich mir vorgenommen, die Vergangenheit zurückzulassen, weil ich jetzt unter älteren Menschen lebe und – das muss ich mir selbst immer wieder sagen – selbst alt bin. »Also rege dich nicht auf, wenn sie es zweimal nicht hört, dann sagst du es eben noch einmal. Hörst ja selbst auch nicht mehr so gut«, denke ich. Und wenn mal ein bisschen Jammerstimmung ist, dann hilft man sich gegenseitig heraus, lässt sich nicht runterziehen, muntert sich auf. Ich freue mich jeden Morgen auf die Messe, auf unser gemeinsames Beten und Singen. Das hilft uns durch den Tag.

Was haben Sie in Ihrer Freizeit gemacht?
Irgendwann wurde geregelt, dass wir auch mal einen halben und später einen ganzen Tag pro Woche frei hatten. Später war es sogar ein freies Wochenende. Wir haben dann unsere persönlichen Dinge in Ordnung gebracht, Wäsche gewaschen und das Zimmer geputzt. Wir hielten Kaffeestunde zusammen oder gingen spazieren. Jetzt stricke ich wieder.

Was ist gut daran, in einem Orden zu leben?
Die Ordnung. Gemeinschaft kann tragend sein, aber auch belastend, ich will das nicht verklären. Anfangs fiel mir das frühe Aufstehen schwer. Aber man gewöhnt sich daran. Ich konnte das Ordensleben ohne Auflehnung akzeptieren.

Fühlen Sie sich manchmal einsam?

Nein. Wir hatten keine Freizeit und haben uns gefreut, wenn wir abends in unser Zimmer kamen und die Tür hinter uns zumachen konnten. Ich habe gerne gelesen und Briefe geschrieben. Wir waren damals mehr als 120 Schwestern. Alle Gottesdienste verlebten wir gemeinsam, und die große Klinikkirche war jeden Morgen gefüllt. Nach der Messe frühstückten wir, dann ging es auf die Station, eine halbe Stunde Mittagspause, dann Arbeit bis in den Abend. Nach dem Abendessen besuchte ich als Stationsschwester erneut jedes Zimmer, trat an jedes Bett. Das freie Personal hatte die Patienten zwar schon für die Nacht vorbereitet, aber es war ganz wichtig, noch mal mit allen Patienten zu sprechen. Oft gab es noch Fragen, die während der Visite nicht verstanden worden waren, oder Ungewissheit, welche Untersuchungen am nächsten Tag anstanden. Ich blieb, bis die Ängste der Patienten verschwanden und sie ruhig schlafen konnten. Und ich sage ganz frei heraus: Manchmal habe ich auch ein kleines Nachtgebet gesprochen. Das wurde angenommen, auch in dieser Uniklinik, in der Katholiken, Protestanten, Atheisten versorgt wurden. Wenn ich es mal nicht tat, wurde ich gefragt: »Und? Gibt es heute kein Nachtgebet?« Vor zehn Uhr nachts kam ich selten in mein Zimmer. Mein Zimmer befand sich auf der Station. Oft dauerte es nicht lange, bis mich das Nachtpersonal weckte, weil jemand im Sterben lag oder ein Notfall behandelt werden musste.

Was waren glückliche Momente in Ihrem Leben?

Ich habe nie daran gezweifelt, dass ich das Richtige mache. Ich war sehr gerne am Krankenbett. Und es war schön, dass wir so ein gutes Arbeitsverhältnis hatten, auch mit den Ärzten. Die waren so zugänglich, so einfach, so schlicht. Sie haben uns nicht von oben herab behandelt. Unsere Station genoss einen guten Ruf. Es heißt immer: Bloß nicht in eine Uniklinik, da ist alles unpersönlich. Ich habe das ganz anders erfahren.

Gab es auch Momente, in denen Sie mit Gott gehadert haben?

Ich kann nicht sagen, dass ich je gehadert habe, trotz mancher schweren Situation in meinem Berufsleben, während dessen Verlaufs ich die ganze Entwicklung in der Herzdiagnostik miterlebt habe und wir manche Niederlage und menschliche Tragödie hinnehmen und verkraften mussten.

Wenn Sie zurückschauen, wie würden Sie Ihr Leben beschreiben?

Es war eine Zeit des Umbruchs, des Erfolges und der Niederlagen. Ich habe viel geweint, aber auch immer wieder Grund zur Freude gehabt. Die Klinik wurde meine Heimat. Jede Station war für mich wie eine Familie.

Wenn Sie noch mal von vorne anfangen könnten, was würden Sie anders machen?

Ich habe nie hinterfragt, was ich getan habe. Es war für mich Berufung: Ordensschwester und Krankenschwester, aber nur beides zusammen. Ich war gerne in Gemeinschaft. Ich bin zufrieden mit meinem Leben. Ich war gerne für den Patienten da, das lag mir sehr. Und nach dem Krieg waren viele Patienten sehr religiös und auf Ordensschwestern ausgerichtet. Sie haben uns absolut vertraut.

~

GEHORSAM

DURCHS NIEMANDSLAND

Schwester Assumpta, Jahrgang 1929.
Sie trat mit 19 Jahren in den Orden ein.

~

Schwester Assumpta, wie kam es zu der Entscheidung, ins Kloster zu gehen?
Ich habe die Fliegerangriffe auf Dresden erlebt und erinnere mich genau daran, fast so, als sei es gestern gewesen. Wir standen vor der Haustür und konnten sehen, wie die Bomben fielen, wir hörten den Lärm der Detonationen. Der Himmel leuchtete im Schein der Markierungen, die wir »Christbäume« nannten. Ich spürte keine Angst. Ich fühlte mich wunderbar beschützt – unser Stadtteil ist nicht getroffen worden, vermutlich, weil der Pilot seine Fracht zu spät ausklinkte. Meine Oma hingegen wohnte mitten in der Stadt und kam ums Leben. In der Innenstadt war ja alles zerstört worden.

Nonnen, Orden, eigentlich kannte ich das alles nicht. Ich war zwar katholisch, aber bei uns sind die meisten protestantisch. Schwestern sah man selten. Während des Krieges waren wir Schulkinder im Arbeitsdienst in der Landwirtschaft eingesetzt und gingen nicht mehr in die Schule. In den den riesigen Erdbeerplantagen mussten wir Erdbeeren pflücken. »Kinder, esst euch satt!«, rief die freundliche Bäuerin immer, und das taten wir auch. Dann sammelten wir auf den Kartoffeläckern Käfer ein, eine scheußliche Arbeit. Oder wir sammelten im Wald Bucheckern, aus denen Öl hergestellt wurde, und Eicheln, die man röstete, um einen Kaffee-Ersatz herzustellen.

Später mussten wir in einem Rüstungsbetrieb arbeiten. Ich war ungefähr dreizehn und in einer Baracke für die Werkzeugausgabe zuständig. Abends waren meine Hände immer aufgerissen und blutig. Oft heulten die Sirenen und wir verbrachten viel Zeit im Luftschutzkeller. Mein Fußweg am Morgen dauerte eine Stunde und führte an den umzäunten Industriearealen der Stadt entlang. Immer wieder kamen Tiefflieger und ich musste mich ganz flach auf den Boden legen. Es wurde Frühling und schon als Kind liebte ich die Sonne im Gesicht. So nutzte ich meine Mittagspause, kletterte durch ein Fenster meiner Baracke ins Freie und setzte mich auf den schmalen Grünstreifen in die warme Frühlingssonne. Als ich in den Himmel schaute, entdeckte ich zwei winzige Punkte, die schnell größer wurden – Tiefflieger! Innerhalb von Sekundenbruchteilen sprang ich durch das Fenster zurück in die Baracke und kauerte mich unter den Arbeitstisch. Die Flugzeuge schossen aus allen Rohren genau auf die Stelle, wo ich gerade noch in der Sonne gesessen hatte! Hunderte Geschosse lagen nachher auf dem Grünstreifen. Ein Schutzengel muss auf mich aufgepasst haben.

Bis zum Kriegsende waren wir eingesetzt, also fast drei Jahre. Dann kamen die Russen, statt »braun« waren nun alle »rot«, und wir sollten in die »Freie Deutsche Jugend« (FDJ) eintreten. Das wollte ich nicht, ich hatte genug von diesen Parteien. Ich engagierte mich in der Pfarrgemeinde, der Pfarrjugend und meldete mich für das Lehrerinnenseminar an. Doch der Platz wurde mir gestrichen, weil ich nicht in die Partei eingetreten war. Ich habe auch keine Lehrstelle zugeteilt bekommen. Man wurde einfach zur Seite geschoben, so war das.

Um Lebensmittelkarten zu erhalten, schuftete ich auf den Plantagen rund um Dresden. Ich pflückte Erdbeeren, Spargel, Sauerkirschen – es war eine harte Arbeit. Was mich vor allem störte: Ich wollte etwas lernen! Ich wollte doch etwas mit Kindern machen! Meinen Freundinnen ging es ähnlich wie mir, doch wir wussten keinen Rat. Schließlich bekam die Mutter einer Freundin eine Liste aller katholischen Krankenhäuser im Westen. »Bewerbt euch«, schlug sie vor. Ich beherzigte ihren Rat und bekam fünf Zusagen, als Vorschülerin in der Krankenpflege beginnen zu können. Ich freute mich! Doch die Frage lautete: Welche Stelle sollte ich annehmen? Wohin sollte ich gehen?

Im Radio hörte ich gerne eine Sendung über den Schwarzwald, mit der Musik aus der Region. Deshalb kam mir die Idee, in Freiburg mein Glück zu versuchen, denn von dort hatte ich zwei Optionen, von einem Krankenhaus und einem »Mutterhaus«. Ich wusste nicht, was dieses Mutterhaus war, vermutete aber, dass es sich um ein Haus für Mutter und Kind handeln musste. Weil ich mich zu Kindern hingezogen fühlte, stand mein Entschluss fest.

Ich erhielt eine Zuzugsgenehmigung, doch keine Wegzugserlaubnis. Meine Familie, meine Verwandten und Freunde, selbst der Pfarrer war dagegen. Ich aber wollte einen Beruf erlernen und weiterkommen – und unternehmungslustig war ich auch. Nach langem Hin und Her ließen sie mich schließlich gehen. Ich nahm Vaters Hammer mit, seine Beißzange und Mutters gute Schere (diese Werkzeuge bewahre ich bis heute auf), dazu einen Malkasten und eine Laubsäge, stopfte alles in meinen Rucksack und wanderte los. In Eisenach war die Grenze und alle Reisenden wurden kontrolliert. Zu meinem Entsetzen stempelten die Grenzsoldaten das Wort »zurück« in meine Papiere.

»Junge Leute lassen wir nicht mehr rüber, die werden bei uns gebraucht«, sagte mir der Uniformierte. Was sollte ich nun unternehmen? Nach Hause wollte ich nicht zurück, nach den Auseinandersetzungen, dass sie mich gehen ließen. Am Bahnhof drängten sich die Flüchtlinge, die in den Westen wollten. Man kam miteinander ins Gespräch und ich erfuhr, dass der Interzonenzug an der Grenzlinie entlangratterte und an vielen Schlagbäumen vorbeikam. Dort passten russische Soldaten auf, die, so besagten die Gerüchte, immer wieder Leute ins Niemandsland passieren ließen. Es sollte noch ein Stück bis in den Westen sein, doch die nächtliche Wanderung durch den Wald schreckte kaum jemanden ab.

Ich investierte mein Geld in Zigaretten, um die Soldaten zu bestechen, und schloss mich einer Gruppe von drei Frauen an. Doch es war zwecklos, die Soldaten ließen uns nicht passieren. Immerhin erfuhren wir, dass in einem Dorf am Rande des »Niemandslandes« ein Mann Flüchtlinge im Schutze der Nacht über die Grenze brachte. Wir fanden diesen Mann – und er willigte ein, uns zu helfen. In der Dunkelheit führte er uns zur Grenze. Nachts durch den Wald zu gehen, mit Furcht, von den Soldaten aufgegriffen zu werden, das war ein großes Abenteuer. Ich erinnere mich heute noch, wie mein Herz schlug. Wir schafften es!

Mit dem Zug fuhren wir Richtung Süden. In Freiburg angekommen, schaffte ich es, ohne Kontrolle zum Mutterhaus zu gelangen. Als mir eine Schwester die Tür öffnete, durchfuhr mich eine unglaubliche Freude! Es war ein warmes Gefühl, das mich durchdrang, so ein Gefühl, als kehre ich nach Hause zurück. Ich wusste in diesem Moment: »Hier gehöre ich her, hier will ich bleiben.« Die Ordensschwestern waren gut zu mir und sie nahmen Rücksicht auf meinen größten Wunsch: Ich durfte das Seminar für Kindergärtnerinnen besuchen. Nach der Ausbildung habe ich gefragt, ob ich bleiben und in den Orden eintreten durfte. Das war genau das, was ich wollte – nichts und niemand hätte mich davon abhalten können. Ich war allerdings erst neunzehn und musste daher die Einwilligung meiner Erziehungsberechtigten einholen. Meine Eltern waren nicht mit meinem Entschluss einverstanden, mein Bruder meinte sogar: »Du bist wohl verrückt!« In der Ostzone wurde nur gehetzt. Wieder waren alle dagegen. Mutter hat viel geweint. Aber ich konnte nicht anders. Ich bin ohne ihre Einwilligung zurückgefahren. An Weihnachten schickten mir die Eltern dann einen Brief, in dem sie sich einverstanden erklärten. Ich war glücklich, sehr glücklich. Eine Braut kann nicht glücklicher sein.

Der Novizenmeisterin war ich manchmal zu übermütig – ich habe ja die sächsische Fröhlichkeit von meiner Mutter geerbt –, und sie sagte: »Was ist, wenn man Sie wieder wegschickt?«

»Das kommt überhaupt nicht in Frage«, antwortete ich, »wenn es der Herrgott so will, könnt ihr überhaupt nichts machen!«

Diese Überzeugung war ganz fest in mir und ist es heute noch.

Welche Arbeit haben Sie gemacht?

In einem Kinderheim fing ich als Kindergärtnerin an, und nach der Weihe wechselte ich in einen Kindergarten im Schwarzwald. Es war eine wundervolle Zeit, ich bin viel gewandert. Nach der Profess kam ich woanders hin, aber es war wieder eine Einrichtung auf dem Land. Wir waren eine kleine Schwesterngemeinde und lebten in einem Haus mit einem großen Garten. Eigentlich habe ich fast immer auf dem Land gelebt. 20 Jahre lang arbeitete ich in einem städtischen Kindergarten. Jetzt bin ich hier, im Altersruhesitz der Schwestern, und das Alter hat manches verändert. Ich kann den ganzen Tag machen, was ich will! Ich kann schreiben, dichten und basteln und immer noch mithelfen, wenn man mich braucht.

Was haben Sie in Ihrer Freizeit gemacht?

Ich habe schon immer gerne gebastelt, das mache ich auch heute noch gerne. Und ich wandere, bin in der Natur. Nach der Arbeit im Kindergarten verbrachte ich viel Zeit im Garten. Und Rad bin ich auch immer gerne gefahren, alleine oder mit Mitschwestern.

Was ist gut daran, in einem Orden zu leben?

Anfangs habe ich die Gemeinschaft sehr geliebt. Ich habe nur Schönes erlebt. Und jetzt im Alter so gut versorgt zu sein, daheim zu sein. Schöner kann ich mir das gar nicht vorstellen. Aber das liegt nicht jedem. Für mich war das richtig. Ich habe auch immer gerne und mit Freude gebetet.

Fühlen Sie sich manchmal einsam?

Als ich jung war, war ich immer mit den Kindern beschäftigt – der Kindergarten war mein Leben! Einsamkeit habe ich nicht verspürt. Aber auch hier bin ich nicht einsam. Jeden Abend besucht mich eine Schwester und wir spielen zusammen oder singen oder essen Eis. Und was ich auch noch sagen muss: Je älter man wird, desto näher und inniger wird die Beziehung zu Gott. Er ist mir wie ein Vater, Jesus ist mir wie ein Bruder, mit dem kann ich reden, ihm alles sagen. Er fügt alles so wunderbar. Wenn ich so stille Wünsche habe, werden die auf einmal wahr, einfach so! Ich kann keinen mehr mögen als den lieben Gott. Ich fühle mich so geborgen, als ob ich noch bei meiner Familie wäre. Die sind zwar alle schon gestorben, aber ich habe sie im Herzen und deshalb sind sie da.

Was waren glückliche Momente in Ihrem Leben?

Manchmal erlebe ich beim Gebet ein richtiges Glücksgefühl. Zurzeit ist es so, dass ich morgens aufwache und mich geborgen fühle. Ich stelle mir extra den Wecker eine Stunde früher, damit ich das länger genießen kann. Beim Erwachen ist meine ganze Kindheit wieder präsent, ich laufe in Gedanken zu Hause umher. Ich habe liebe Eltern gehabt, meine Mutter hat mich sehr geliebt und mir viel Freiheit gelassen. Strenge und Schläge – das gab es bei uns nicht. Ich war ihr ganzer Stolz. Ich wurde gut erzogen, hatte aber einen starken Willen. Viel Schönes habe ich erleben dürfen, in den Bergen und am Meer mit den Kindern in den Ferien. Dies alles erlebe ich morgens noch mal im Geiste. Ich lebe in einer ruhigen, getragenen, gleichmäßigen Atmosphäre. Ich brauche nicht das Himmelhochjauchzende.

Gab es auch Momente, in denen Sie mit Gott gehadert haben?

Schwere Momente gab es, aber gehadert habe ich nie. Man muss durch diese Schule durch. Nach meiner Ausbildung zur Sozialpädagogin kam ich in ein Kinderheim. 21 Kinder habe ich betreut, alle Altersstufen.

Wir waren wie eine große Familie. Die Kinder mochten mich und machten anstandslos, was ich von ihnen verlangte. Ich glaube, die Oberin war eifersüchtig, weil ich so beliebt war, so heiter und voller Freude meiner Arbeit nachging. Sie vertrat noch die alten, konservativen Erziehungsmethoden, fand mich zu gutmütig und nicht streng genug. Die Kinder hatten Angst vor ihr. Ich wandte die neuen Erziehungsmethoden an, versuchte, gütig und nachsichtig zu sein. Für mich wären die frechsten Lausejungen durchs Feuer gegangen. Wenn man mit Kindern gut umgeht, ist Erziehung eigentlich nicht schwer. Solche Jungen zum Beispiel müssen gefordert, beschäftigt werden, dann kommen die gar nicht auf dumme Ideen. Sie halfen mir bei der Gartenarbeit und hatten Spaß dabei, ja, sie waren sogar stolz darauf. Natürlich lobte ich sie sehr, gab ihnen eine kleine Belohnung und so kamen wir wunderbar zurecht. All dies war der Oberin ein Dorn im Auge und deshalb hat sie mich dann hinterrücks zur Seite geschafft, sobald sich die Gelegenheit dafür bot.

Als ich mich zu Exerzitien zurückgezogen hatte, erfuhr ich von der dortigen Oberin, dass man mich in dem Kinderheim nicht mehr haben wollte. Ich dachte, eine Bombe schlägt ein! Meine persönlichen Gegenstände wurden mir nachgeschickt, ich durfte mich nicht einmal verabschieden. Ich wurde abgeschoben! Inzwischen habe ich dieser Schwester aber alles verziehen.

Die nächste Stelle war aber auch nicht besser, ich kam vom Regen in die Traufe, wieder zu einer strengen, fanatischen Schwester. Mit meiner fröhlichen Art konnte ich so spielend mit den Kindern umgehen, doch sie hat mir das Leben schwergemacht. Sie kontrollierte mich, sie schloss sogar den Kühlschrank ab, immer musste man sie wegen jeder Kleinigkeit fragen. Im Stillen habe ich darunter gelitten, im Stillen, gesagt habe ich nichts, ich habe alles in mich hineingefressen. Das ging zwei, drei Jahre so. Eines Nachts hielt ich diesen Druck nicht mehr aus. Ich rannte aus dem Haus und landete zum Glück im Münster. Wäre ein Weiher in der Nähe gewesen – ich wäre wahrscheinlich hineingesprungen. Ich saß im Münster, habe geweint und geweint. Dann ging ich ins Mutterhaus und sagte, dass ich nicht mehr zurückmochte ins Kinderheim, zu dieser Schwester. Sie versprachen mir, mich an einen schönen Platz zu schicken.

Seit dieser Nacht kann ich verstehen, was in einem Menschen vor sich geht, der über den Freitod nachdenkt. Man kommt an einen Punkt, an dem man keine Macht mehr über sich hat. Ich habe Gott gebeten, dass er mich nicht mehr an solch einen Punkt kommen lässt. Nie wieder, das war schrecklich. Später habe ich bei Charles de Foucauld gelesen, dass der Mensch einmal an den tiefsten Punkt kommen muss, denn dann vollzieht sich eine Wandlung mit ihm. Das ist wirklich wahr.

Wenn Sie zurückschauen, wie würden Sie Ihr Leben beschreiben?
Ein erfülltes Leben. Ich kann nur dafür danken, jetzt auch für das, was ein bisschen schwer, ein bisschen dunkel war. Wenn das nicht wäre, würde man wahrscheinlich zu oberflächlich sein, weil man manche Menschen gar nicht verstehen kann.

Wenn Sie noch mal von vorne anfangen könnten, was würden Sie anders machen?
Ich würde nichts anders machen. Als Kind habe ich beim Puppenspielen immer gesagt, dass ich mal ganz viele Kinder haben möchte. Mein Ideal war es, eine Mutter zu sein. Aber heiraten wollte ich nicht, 20 Kinder wünschte ich mir, aber keinen Mann. Das habe ich umgesetzt.

Viele Menschen heutzutage finden keinen Sinn in ihrem Leben. Was ist wichtig für ein erfülltes Leben?
Ja, ich weiß das. Ich stehe mit einem jungen Mädchen in Briefwechsel, die ihre Erfüllung nicht findet. Fängt alles an, lernt und bemüht sich, aber es klappt einfach nicht. Ich glaube: Man sollte einfach nicht zu hoch hinauswollen. Man muss klein anfangen, sonst wird das nichts. Damit meine ich: Man muss bescheiden bleiben, dankbar, sich über al-

les freuen. Selbstbewusstsein und Vertrauen in Gott sind wichtig. Man braucht dieses kindliche Vertrauen, dass er mich schon richtig führen, mir das Richtige zuweisen wird. Wenn aber jemand diese Offenheit nicht hat, kann man es schwer vermitteln. Der Wunsch nach Glück und Geborgenheit ist in jedem Menschen, aber wenn man nicht klein anfangen will, findet man es nicht. Wer sich schon an der Natur nicht mehr freuen kann, weil er nur herumhetzt und sich keine Zeit nimmt, der kommt nie zu sich. Das ist heute das schlimmste Übel. Alle sind im Stress, immerzu im Stress. Aber ich hoffe, dass das wieder anders wird. Diese Sehnsucht ist spürbar – und schafft sich schon Bahn.

Was ist das Wichtigste im Leben?
Vertrauen haben in Gott, in sich selbst, in seine Umgebung. Dann ergibt sich alles andere von alleine.

~

VATERS TRÄNEN

Schwester Elisabeth, Jahrgang 1942. Sie ist seit 1960 im Orden.

~

Schwester Elisabeth, wie kam es zu der Entscheidung, ins Kloster zu gehen?
Ich komme aus keiner besonders frommen Familie, aber meine Oma
hat mich religiös geprägt. Sie nahm uns Kinder immer mit zum Gottesdienst. Meine Geschwister fanden die Messe langweilig, ich hingegen interessant. Nach der Schulentlassung, ich war 17, wollte ich Kindergärtnerin werden und absolvierte ein Praktikum in einem
Krankenhaus, in dem Vinzentinerinnen in der Pflege arbeiteten. Die
Art und Weise, wie sie mit den Kranken umgingen, hat mir sehr imponiert. Als ich dann anschließend das Kindergärtnerinnen-Seminar besuchte, überkam mich eine Art Unruhe, sobald ich über meine Zukunft
nachdachte. Inzwischen war ich 18 Jahre alt und steckte voller Ideale.

Die ersten Kinder, mit denen ich zu tun hatte, kamen aus schwierigen Familienverhältnissen. Sie hatten offensichtlich wenig Liebe erfahren. Für mich war klar, dass ich mein Leben möglichst sinnvoll verbringen will, dass ich beispielsweise für solche Kinder da bin. Aber dies
wollte ich aus einer Gemeinschaft heraus tun, einer Gemeinschaft, in
der man sich wohl fühlt, mit Gleichgesinnten lebt und sich austauschen
kann: einer Ordensgemeinschaft.

Ich wusste allerdings ganz genau, dass meinem Vater diese Idee gar nicht gefallen würde. Ich verdiente kein Geld, lag ihm »auf der Tasche« und hatte noch drei Geschwister. Mein Vater war Arbeiter und musste wirklich schuften, um uns eine anständige Ausbildung zu ermöglichen, um Schulgeld und Fahrtkosten aufzubringen. Ich kam auf die Idee, das Seminar für Kindergärtnerinnen zu verlassen und Krankenschwester zu werden. Die Ausbildung im Krankenhaus des Ordens war kostenlos, wie ich von meiner Schwester wusste, die dort Krankenschwester lernte; man konnte dort wohnen und bekam obendrein ein Taschengeld. Ich versuchte, meinem Vater den Plan schonend beizubringen, indem ich die finanziellen Vorteile aufzeigte. Er aber erwiderte: »Du hast dir das so bitter erkämpft, auf dieses Seminar zu gehen, also machst du das jetzt auch zu Ende. Irgendwie kriegen wir das schon hin.« Damit hatte ich nicht gerechnet. Ich nahm meinen Mut zusammen und fragte, ob er auch dann einverstanden sei, wenn ich ins Kloster gehe. Meine Mutter, die beim Gespräch anwesend war, begann zu lachen, aber mein Vater nicht. Er nahm mich sofort ernst. Er sagte scharf: »Wenn du das machst, dann kannst du sofort gehen, dann will ich dich nie mehr sehen.«

Also ging ich. Ich meldete mich im Seminar ab und besuchte meine Schwester im Krankenhaus. Nach Hause wollte ich nicht zurück, bis sich mein Vater wieder beruhigt hatte. Ich war ihm nicht böse, ich konnte ihn verstehen. Meine Schwester nahm die Situation sehr mit. Die Oberin fand sie weinend im Flur und fragte, was los sei. Sie erzählte ihr alles und die Oberin sagte zu ihr: »Wenn es ihr wirklich ernst ist, dann schick sie zu mir.« Ich durfte im Krankenhaus übernachten, doch am nächsten Tag schickte sie mich nach Hause. Ich sollte zehn Tage später wiederkommen und mich dem Superior der Ordensgemeinschaft vorstellen. In diesen zehn Tagen sprach Vater kein Wort mit mir. Es war schwer für mich, aber ich wusste: Ich musste durchhalten – später schaffe ich es vielleicht nicht mehr. Am Abreisetag wollte ich mich von Vater verabschieden. Er drehte sich um, er wandte mir der Rücken zu und weinte bitterlich. Und wieder dachte ich: »Du musst da durch, du musst da durch.« Ich reiste in Begleitung meiner Mutter ab. Die Oberin hatte alles für mich vorbereitet. Für mich war es eine fremde Welt. Sechs Wochen später mietete mein Vater einen Kleinbus und besuchte mich mit der ganzen Familie im Mutterhaus. Danach war alles wieder gut.

Welche Arbeit haben Sie gemacht und wo war das?
Zuerst kam das Postulat. Man muss sich hinterfragen, ob die Entscheidung richtig ist. Mir war klar, dass es Höhen und Tiefen gibt auf diesem Weg, aber ich sagte mir: Was nichts kostet, ist auch nichts wert. Als es um die Berufswahl ging, entschied ich mich für die Ausbildung zur Krankenschwester. Ich kam in die Uniklinik und blieb nach dem Examen noch weitere fünf Jahre. Dann wurde mir nahegelegt, die Weiterbildung zur Unterrichtsschwester für die Krankenpflegeschule zu machen. Bislang hatte ich nur Erfahrung im internistischen Bereich, lernte aber in einem anderen Krankenhaus die übrigen medizinischen Disziplinen kennen. In der Caritas-Akademie durchlief ich die Ausbildung für leitende Aufgaben in der Schule und im Pflegebereich und war dann zehn Jahre lang Schulleiterin in einer unserer Krankenpflegeschulen. Der Umgang mit den jungen Menschen machte mir Freude, aber ich hatte immer Sehnsucht nach der Praxis, denn ich war mit Leib und Seele Krankenschwester.

Als überall Sozialstationen aufgebaut wurden, regte sich der Pioniergeist in mir und ich spürte: »Das wäre was für mich!« Meinem Wunsch wurde entsprochen. Von ambulanter Krankenpflege hatte ich allerdings wenig Ahnung, deshalb machte ich erst mal ein Praktikum auf einer Sozialstation und lernte Autofahren. Danach übernahm ich die Pflegedienstleitung in einer neugegründeten Sozialstation. Ich hatte mir vorher nicht vorstellen können, wie viel Elend, Vereinsamung und auch Verwahrlosung einem begegnet. Wie oft fiel mir der gute Rat des heiligen Vinzenz ein: »Lieben wir Gott, aber auf Kosten unserer Arme und im Schweiße unseres Angesichts.« Ich hatte meinen Lebensinhalt gefunden, 28 Jahre lang.

Dann wurde im Heim für unsere alten und pflegebedürftigen Schwestern dringend eine Oberin für den Konvent gesucht. Die Auswahl der Kandidatinnen, die körperlich und geistig in der Lage sind, Verantwortung zu übernehmen, ist nicht mehr wirklich groß. Schließlich sagte ich zu. Es fiel mir nicht leicht, doch ich habe die Notwendigkeit eingesehen. Was mich im Vorfeld am Gedanken, Oberin zu sein, am meisten belastete, war, dass ich keine Konventserfahrung mehr hatte. Ich lebte vorwiegend mit einer Mitschwester zusammen und die letzten Jahre ganz allein. Und hier sind 85 Schwestern, die mich als Oberin anerkennen sollen und für die ich Verantwortung trage. Aber sie haben mir von Anfang an gezeigt, dass sie froh sind über meine Anwesenheit.

Was haben Sie in Ihrer Freizeit gemacht?
Ich habe viele Hobbys, denen ich gerne nachgehen würde. Gemalt habe ich. Ich lese gerne Reiseberichte und schaue mir die Gegend anschließend auf einem Globus oder im Internet an. Ich reise also in Gedanken. Überhaupt lese ich gerne, schon als Kind. Solange meine Knochen noch einigermaßen mitmachen, fahre ich Rad. Musik hören entspannt mich.

Was ist gut daran, in einem Orden zu leben?
Die Gemeinschaft. Wenn man mit Menschen zusammenlebt, mit denen man sich gut versteht, ist das eine wunderbare Sache. Problematisch wird es allerdings, wenn man mit jemand zusammenleben soll, mit dem das nicht so gut funktioniert. Wobei wir das ja leichter ändern können als beispielsweise innerhalb einer Familie. Das Gebet fällt in der Gruppe leichter. Und außerdem: Wenn man gut zusammenarbeitet und erkennt, dass daraus etwas Gutes entsteht, finde ich das sehr befriedigend.

Fühlen Sie sich manchmal einsam?

Nein, glücklicherweise nicht. Aber ich bin manchmal ganz gerne allein.

Was waren glückliche Momente in Ihrem Leben?

Es gibt unheimlich viele glückliche Momente in meinem Leben. Ich kann mich täglich über etwas freuen. Ich freue mich, wenn das Wetter schön ist, wenn die ersten Blumen kommen im Frühling, wenn ein Fest gelungen ist oder ein Essen gut schmeckt. Ich genieße es, mit guten Freunden zusammen zu sein. Oft habe ich schon gedacht: »Lieber Gott, dass ich mich so freuen kann, ist bestimmt ein Geschenk!«

Gab es auch Momente, in denen Sie mit Gott gehadert haben?

Es gab auch schwere Momente. Die Umstände bei meinem Ordenseintritt, mit dem ich meinem Vater, den ich sehr geliebt habe, sehr weh tat. Das war ganz schwer und hat bewirkt, dass ich großes Heimweh bekam. Während des Postulats bevorzugte ich bei der Arbeit in der Gemüseküche das Zwiebelschälen, weil man dabei ungestört weinen konnte. Auch als meine Mitschwester auf der Sozialstation ganz plötzlich verstarb, war ich lange Zeit tieftraurig. Manchmal wird man auch von Menschen enttäuscht und es dauert eine Weile, dies zu überwinden. Als die Eltern und zwei meiner Geschwister verstarben, habe ich sie sehr vermisst. Mit Gott gehadert habe ich deshalb nicht. Was mir passiert, passiert anderen auch. So ist das Leben.

Wenn Sie zurückschauen, wie würden Sie Ihr Leben beschreiben?

Ich habe es nie bereut, dass ich diesen Weg eingeschlagen habe. Ich durfte vielen guten Menschen begegnen, konnte vielen auch Gutes tun, und viele haben mich unterstützt und getragen. Dafür bin ich sehr dankbar.

Wenn Sie noch mal von vorne anfangen könnten, was würden Sie anders machen?

Das ist schwer zu sagen. Sicher: Man macht Fehler im Leben, die man im Rückblick nicht mehr begehen würde. Aber grundsätzlich bin ich mit meinem Leben zufrieden.

Viele Menschen finden keinen Sinn in ihrem Leben. Was ist wichtig für ein erfülltes Leben?

Ich finde es ganz wichtig, richtig in sich hineinzuhören und herauszufinden, was gut für einen ist. Und ganz wichtig ist auch, sich eine sinnvolle Aufgabe zu suchen, egal, ob das in der Familie, in einer Gemeinschaft oder sonstwo geschieht. Eine Frage, die ich mir mit 18 Jahren stellte, lautete: »Wie verbringe ich mein Leben am sinnvollsten?« Heute denke ich: Wenn man jeden Morgen in den Spiegel schauen kann und für sich eine passende Aufgabe gefunden hat, dann ist das Sinn genug.

Was ist das Wichtigste im Leben?

Authentisch zu sein, anderen nichts vorzumachen. Man sollte versuchen, an jedem Tag sein Bestes zu geben, damit man am Ende des Lebens sagen kann: »Es war gut so.«

~

Die Liebe hört niemals auf.
(1 Kor 13,8)

GLAUBE. LIEBE. HOFFNUNG.

Schwester Speranda, geboren 1916. Sie trat 1940 in den Orden ein.

~

Schwester Speranda, wie kam es zu der Entscheidung, ins Kloster zu gehen?
Um in die Kirche zu kommen, gingen wir eine Stunde zu Fuß. Unser
Hof lag ganz abgelegen in einem Tal. Im Winter dauerte es noch länger. Man musste sich vor Schneeverwehungen hüten und durfte nicht
vom Weg abkommen. Der Weg führte durch den Wald. Wenn wir zur
Beichte gingen, mussten wir schon ganz früh morgens los, da war es
noch dunkel draußen und stockfinster im Wald. Es war unheimlich,
wenn die Zweige geknackt haben und man nichts gesehen hat. Wenn
ich alleine gehen musste, habe ich mich sehr gefürchtet und bin lange
Umwege über die Felder und Wiesen gelaufen.

Manchmal trafen wir unterwegs eine Ordensschwester, die als
Krankenpflegerin in unser Tal kam. Wir Kinder freuten uns immer
sehr, sie zu sehen, und rannten ihr entgegen: »Gelobt sei Jesus Chris-
tus!« Wir hielten ein Schwätzchen. Schon als Kind wollte ich immer
Ordensschwester werden. Zu Hause mussten wir alle mit anpacken.
Sobald wir aus der Schule kamen und den Ranzen abgelegt hatten,

ging es los. Um Kochen zu lernen, kam ich nach der Schule in ein Altersheim, das von Vinzentinerinnen betreut wurde. Immer stärker wurde mein Verlangen, ins Kloster zu gehen. Doch ich redete mir ein, dass sie mich nicht gebrauchen können, weil ich zu dumm war. Ich blieb also einige Jahre im Altersheim, kam von der Küche auf die Station und half in der Pflege. Ich fürchtete mich vor den Toten, aber ich wollte lernen, diese Angst zu überwinden. Ich bat darum, dabei sein zu dürfen, wenn wieder jemand im Sterben lag. Diese Erfahrung nahm mir die Furcht. Mit 24 Jahren fühlte ich mich bereit, ins Kloster einzutreten. Meine Eltern waren einverstanden. Sie hatten vier Mädchen und sieben Buben, die es zu versorgen galt. Und es war Krieg. Später wurden die älteren Brüder eingezogen. Zwei sind gefallen.

Welche Arbeit haben Sie gemacht und wo war das?
1943 habe ich Profess gemacht, in Anwesenheit meiner Familie. Das war ein Fest! Nun kam ich ins Krankenhaus, um Krankenschwester zu lernen – dachte ich. Stattdessen musste ich putzen oder Geschirr abwaschen. Der Herr Professor sagte zu mir: »Schwester Speranda, ich kann Sie in der Krankenpflege nicht gebrauchen. Sie sind zu dumm.« »Ist recht«, antwortete ich. Der Frau Mutter, wie man die Generaloberin früher nannte, erzählte ich davon. Ich kam in ein anderes Haus, in dem ich Privatpflege übernahm, bis ich einen Anruf aus dem Mutterhaus erhielt: Ich hatte einen Ausbildungsplatz in der Krankenpflegeschule bekommen und sollte sofort dorthin. Zu Kriegszeiten lernten dort auch viele »Hitlerschwestern«, braune Schwestern, mindestens 20 von ihnen. Sie erhielten zusätzlichen Unterricht, eine Art Nachhilfe, wir anderen nicht. Mir fehlte deshalb manches und ich hatte Angst, dass ich das Examen nicht bestehen würde. Doch dann, in der Prüfung, wusste ich alles! Ich habe immer zum heiligen Joseph gebetet, er möge mir helfen.

Als ich zum Essen ins Refektorium ging, wussten bereits alle, dass ich ein gutes Examen geschafft hätte. Bald darauf bekamen wir die

Noten. Ich war die Einzige mit »Sehr gut!« Was glauben Sie, wie ich, »die Dumme«, mich gefreut habe! Die braunen Schwestern schnitten übrigens ganz schlecht ab, hatten »Vieren« und sogar eine »Fünf«. Wenige Tage später teilte man mich als Stationsschwester auf der inneren Abteilung ein. Wir waren ein gutes Team, es war eine schöne Zeit. Nach 29 Jahren wurde diese Klinik aufgelöst, weil es zu wenig Ordensschwestern gab. Ich kam in eine andere Klinik, in der ich arbeitete, bis ich 92 Jahre alt war. Mit 84 gab ich die Leitung der Station ab. Um ehrlich zu sein: Eigentlich wollte ich mit 90 aufhören, aber der Chef meinte, ich müsse so lange bleiben, bis auch er in den Ruhestand ginge. Ich habe dann allerdings vor ihm aufgehört.

Was haben Sie in Ihrer Freizeit gemacht?
Freie Tage gibt es erst seit zehn Jahren. Vorher habe ich an so etwas gar nicht gedacht. Ich hatte zu tun und mir hat es Spaß bereitet.

Was ist gut daran, in einem Orden zu leben?
Ich bin gerne in der Gemeinschaft, das ist meine Freude.

Fühlen Sie sich manchmal einsam?
Oh, nein! Der liebe Gott ist überall. Ich war glücklich und bin es bis heute.

Was waren glückliche Momente in Ihrem Leben?
Ich bin immer glücklich, wenn wir den Heiland empfangen. Es gibt viele schöne Momente in meinem Leben. Wir beginnen den Tag mit einem Morgengebet und beschließen ihn mit einem Nachtgebet. Der liebe Gott ist immer neben mir.

Gab es auch Momente, in denen Sie mit Gott gehadert haben?
Natürlich gibt es schwere Momente, beispielsweise, wenn jemand aus der Familie stirbt. Aber gehadert, nein, das habe ich nicht.

Wenn Sie zurückschauen, wie würden Sie Ihr Leben beschreiben?
Es war gut.

Wenn Sie noch mal von vorne anfangen könnten, was würden Sie anders machen?
Vom Ordensberuf würde ich nicht wegwollen. Ich würde alles wieder so machen. Kloster und Krankenpflege – für mich war das richtig, bis zum heutigen Tag.

Viele Menschen finden keinen Sinn in ihrem Leben. Was ist wichtig für ein erfülltes Leben?
Glaube, Liebe und Hoffnung. Da liegt alles drin.

Was ist das Wichtigste im Leben?
Die Liebe. Ohne Liebe geht nichts. Auch bei der Arbeit, wenn man das ohne Liebe macht, wird es nichts. Ich bedanke mich jeden Morgen für mein Leben.

~

Herr, Du weißt alles,
Du weißt auch,
dass ich Dich liebe.

(Joh 21,15)

DAS KLEINE HOLZKREUZ

Schwester Maria Philogonia,
Jahrgang 1922, Ordensschwester seit 1942.

~

Schwester Maria Philogonia, wie kam es zu der Entscheidung, ins Kloster zu gehen?
Ich habe einfach immer in mir den Gedanken gehabt, dass ich mal ins
Kloster gehe, schon als Kind. Meine Eltern waren nicht so vorbildlich
und da habe ich mir gesagt: Ich gehe ins Kloster, um das wiedergutzu-
machen. Bis ich zehn Jahre alt war, bin ich evangelisch aufgewachsen.
In katholischen Messfeiern spürte ich aber eine Wärme, die mich an-
zog. Ich fing an, meine Mutter zu bedrängen, dass ich katholisch werden will. Irgendwann wurde es ihr zu viel und sie sagte: »Du musst das
deinem Vater selbst beibringen!«

Ich habe eine gute Stimmung abgepasst und es ihm gesagt, doch er
antwortete: »Dummes Zeug!« Aber ich habe dann so lange weitergemacht, bis er nachgab und mir sagte, ich solle machen, was ich wolle.
Hauptsache, er hatte seine Ruhe. Meine Schwester war zwei Jahre älter, sie habe ich auch noch überredet. Unsere Mutter ist dann mit uns
zum Pfarramt gegangen und wir bekamen Privatunterricht im katho-

lischen Glauben. Dann sind wir getauft worden, aber nur unter Vorbehalt. Denn eigentlich darf man nur einmal getauft werden, wie man uns erklärte. In der Schule nahm ich dann gleich am katholischen Religionsunterricht teil. Als ich 17 und mit der Schule fertig war, bat mich meine Tante, doch eine Zeit lang zu ihr zu kommen. Sie war Ordensschwester und Oberin am Bodensee. Ich habe im Kindergarten mitgeholfen. Meine Tante spürte, dass ich auch Schwester werden wollte. Da ich ja noch jung war, meinte sie, ich solle doch Kindergärtnerin werden. Als sie zu Exerzitien ins Mutterhaus ging, wollte sie mich dort anmelden, doch es gab bereits genug Schwestern für den Kindergarten. Die Generaloberin suchte dringend eine Schwester für die Paramente, das sind die kirchlichen Gewänder und Textilien. Sie sah sich mein Zeugnis an, in dem ich eine sehr gute Note in Handarbeit aufwies – so kam es dazu. »Warum nicht?«, dachte ich, »wenn die Oberin das so will.« Um ehrlich zu sein, wusste ich anfangs nicht mal, was Paramente sind.

Welche Arbeit haben Sie gemacht und wo war das?
Ich kam zunächst ins Mutterhaus, als Vorpostulantin, weil ich ja erst 17 Jahre alt war. In der Stadt gab es ein Paramentegeschäft, in dem ich Lehrmädchen wurde. Meine Gesellenprüfung machte ich in der Hitlerzeit. Schon während der Ausbildung habe ich den Stellungsbefehl bekommen, wurde zum Arbeitsdienst eingezogen und musste nach Tübingen. Nach einer kurzen Schulung in einem Arbeitsdienstlager wurden wir in der Landwirtschaft und in Gärtnereien eingesetzt. Alle vier Wochen wechselten wir die Stelle. Nach einem halben Jahr sollte ich außerdem zum Kriegshilfsdienst. Mir gefiel der Gedanke überhaupt nicht. Ich schrieb einen Brief an unser Mutterhaus mit der Frage, wie ich mich verhalten sollte. Man riet mir anzugeben, dass ich Krankenpflege lernen wolle, denn das Mutterhaus verfügte im Krankenhaus über eine Krankenpflegeschule. Meine Anfrage stieß zunächst auf Skepsis, und besonders meine Vorgesetzte wollte mir den Sinneswandel

nicht abnehmen. Sie wusste ja, dass ich erst im Kindergarten und dann in der Stickerei arbeitete. Wieso war plötzlich mein Interesse an Krankenpflege erwacht? Sie fragte mich, und ich erwiderte ihr, dass doch Krieg sei. Und im Krieg könne es doch gar nicht genug Krankenschwestern geben, oder? Sie haben mich dann tatsächlich gehen lassen.

Ich empfinde das als Gnade, als Gnade vom lieben Gott. Eigentlich wollte ich gerne noch mal nach Hause gehen, um meine Eltern zu besuchen. Aber die Behörden haben gleich überprüft, ob ich tatsächlich den Dienst in der Krankenpflege antrat, und so musste ich gleich ins Mutterhaus und mit einem Krankenpflegekurs beginnen. Was mir anfangs überhaupt nicht so lag, aber ich tröstete mich damit, dass es sich nicht um meine eigentliche Aufgabe handelte. Das Examen zur Krankenschwester hätte ich vermutlich nicht bestanden, doch in der Besatzungszeit durften wir ein Notexamen absolvieren, das nicht so schwer war.

Ein Jahr lang arbeitete ich in der Uniklinik als Krankenschwester, das war mein praktisches Noviziat. Während dieser Zeit, im November, kam der große Fliegerangriff, den ich in der Klinik erlebt habe. Wir waren im vierten Stock, zwei Schwestern, ein Patient und ich, als es losging. Die ganze Abteilung hatte es in den Keller geschafft, aber als die Reihe an uns war, war der Fahrstuhl schon zerstört, die Fensterscheiben zersplitterten und der Putz fiel von den Wänden. Der Luftdruck riss meine Haube vom Kopf. Wir verkrochen uns in einer Ecke im Flur, den Patienten auf seinem Bett in unserer Mitte. Dann kamen die Brandbomben und überall war Feuer. Ich hatte Angst und betete immer: »Lieber Gott, bitte lass mich nicht sterben, bevor ich Profess habe.« Ich wollte nicht als Novizin sterben. Eine Viertelstunde dauerte der Angriff. Als es ruhiger wurde, ging die Stationsschwester los, um auszukundschaften, ob es noch einen Weg nach unten gab. Wir sollten beim Patienten bleiben. Zum Glück dauerte es nicht lange und sie kam zurück, begleitet von zwei Männern, die unseren Patienten kurzerhand auf eine der herumliegenden Türen legten und ihn über die begehbare Treppen nach unten in den Luftschutzkeller trugen. Nun konnten auch wir in den Luftschutzkeller gehen und wurden dort jubelnd empfangen – alle dachten, dass wir den Angriff nicht überlebt hätten. Das Schlimmste in jener Nacht aber war, als der Direktor in den Luftschutzkeller kam und zu uns sagte: »Schwestern, ich muss euch sagen: Ihr habt kein Mutterhaus mehr.« Das war ganz schrecklich für uns, wir wussten ja nicht, ob die Generaloberin oder der Superior noch lebten. Erst am nächsten Tag erfuhren wir, dass sich zum Glück die meisten retten konnten, einige jedoch schwer verletzt. Wir hausten einige Tage in diesem Keller. Tagsüber streiften wir durch die Ruine unserer Klinik und suchten nach allem, was noch zu gebrauchen war. Auch ich habe in der Küche im vierten Stock etwas gefunden, was ich heute noch habe: ein kleines Holzkreuz. Der Corpus war eingebrannt und wurde im Laufe der Jahre abgeschubbert. Das Kreuz lag zerbrochen auf dem Boden. Ich habe es wieder zusammengeleimt und seither liegt es immer unter meinem Kopfkissen, wenn ich schlafe. Es ist mir heilig. Für mich ist dieses Kreuz ein Symbol für mein Überleben. Der liebe Gott hat mein Gebet erhört und mich am Leben gelassen.

Nach einigen Tagen wurden Notkrankenhäuser eingerichtet, in die man uns aufteilte. Unsere Abteilung, in der hauptsächlich Lungenkranke versorgt wurden, befand sich in einem Hotel auf dem Schauinsland. Über die Seilbahn, die wegen der Tiefflieger nur nachts in Betrieb war, wurde alles hinauftransportiert, auch die Patienten. Ein halbes Jahr bin ich dort noch geblieben, meist übernahm ich die Nachtwachen und tagsüber habe ich geschlafen. Eines Tages kam ein Brief vom Mutterhaus, dass wir jetzt Profess machen dürften in einem Ordenshaus südlich von Freiburg, das vom Krieg verschont worden war. Und wissen Sie was: Genau hier lebe ich nun wieder! Der Kreis hat sich geschlossen.

Hier wurde kurz nach dem Krieg eine Lehrwerkstätte für Mädchen eingerichtet; man fragte mich, ob ich in der Stickerei anfangen wolle. Allerdings sollte ich zuerst noch die Meisterprüfung ablegen. Mir war aber klar, dass ich mich wieder in den Beruf einarbeiten musste nach der langen Zeit. Ich kannte eine Textilkünstlerin, die auch Paramente gestaltet hatte; bei ihr konnte ich ein Volontariat beginnen und mich auf die Meisterprüfung vorbereiten. In die Lehrwerkstätte kam ich dann aber gar nicht – die Generaloberin wollte mich im wiederaufgebauten Mutterhaus in der Stickereistube einsetzen. 56 Jahre lang bin ich dort schließlich geblieben.

Ich sehe meine Arbeiten, wenn ich in die Kirche gehe. Darüber freue ich mich, es macht mich stolz. Aber es war nicht immer alles leuchtend Gold. Einmal war ich in den Ferien in einem Schwesternferienhaus. Auch der Superior und die Generaloberin weilten dort, um etwas zu besprechen. Plötzlich ließen sie mich in die Kapelle rufen. Der Superior zeigte an die Wand und sagte mir, dass er diese Fläche kahl fände und sie gerne mit einem Behang verzieren möchte. Das solle ich doch bitte in Angriff nehmen. Ich war überrascht, wie vor den Kopf gestoßen: So etwas Großes hatte ich noch nie gemacht! Ich sagte ihm, dass ich nicht sicher sei, ob ich das kann. Er hingegen schien überzeugt, dass ich das schaffen würde, und hatte die Idee, das Emmaus-Geschehen darauf darzustellen, also die Szene, in der zwei Jünger dem auferstandenen Jesus begegnen, der mit ihnen das Brot bricht.

Ich konnte in dieser Nacht nicht schlafen. In meinem Kopf drehte sich immer wieder ein Gedanke: Ich schaffe das nicht. Irgendwann aber dachte ich: Wenn ich schon so eine große Aufgabe gestellt bekomme, dann hilft mir Gott doch gewiss dabei, sie auch zu bewältigen. Im Gebet sagte ich zu ihm: »Ich mach das im Gehorsam, aber du musst mir dabei helfen!« Und dann bin ich mutig ans Werk gegangen und fing an zu zeichnen. Vier Monate hat es gedauert, bis der Wandbehang fertig war. Es war fast wie ein Wunder: Mir ist alles gelungen! Als ich fertig war, habe ich gedacht: »Das hast nicht du gemacht, das ist gemacht worden.« Ich war selig. Dadurch habe ich Glauben gelernt und Vertrauen zu Gott. Ich wusste, dass mir Gott hilft. In den Ferien habe ich mein Werk dann hängen sehen. Das war schön. Die Oberin hat mir als Dank Bettwäsche geschenkt. Der Superior war auch zufrieden. Er hat das zwar nicht gesagt, aber wenn es ihm nicht gefallen hätte, hätte er es ja nicht aufhängen lassen.

Was haben Sie in Ihrer Freizeit gemacht?

Damals gab es keine Freizeit für die Schwestern. Wir haben immer gearbeitet.

Was ist gut daran, in einem Orden zu leben?

Die Gemeinschaft. Man fühlt sich aufgehoben, man weiß, wo man hingehört, und kann für Gott leben, unter Gleichgesinnten. Manchmal ist es aber auch schwer, weil es Schwestern gibt, die einem nicht liegen. Man kann sich nicht aus dem Weg gehen. Mir hat das Leben in der Gemeinschaft immer gefallen, auch deshalb, weil ich im Paramentezimmer meistens alleine war. Manchmal hatte ich junge Schwestern als Hilfe. Es gab auch Freundschaften, aber man durfte sich nicht absondern von der Gemeinschaft.

Fühlen Sie sich manchmal einsam?

Solche Momente gibt es. Irgendwann spürt man, dass man den Weg doch alleine gehen muss. Und da braucht man die Vertrautheit mit Gott, sonst hält man es nicht durch. Man muss Gott an die erste Stelle setzen, dann geht es gut. Ich habe nie gezweifelt, am richtigen Platz zu sein. Manchmal spürte ich ein bisschen Angst, das, was auf mich zukam, nicht bewältigen zu können. Kurz vor der Profess hatte ich diese Angst noch. Ich sagte zu Gott: »Ich werfe mich dir hin, du weißt, ich kann nichts.« Ich habe manchmal Angst vor bestimmten Aufgaben gehabt, das ist meine Veranlagung. Aber ich bin selbstbewusster geworden.

Was waren glückliche Momente in Ihrem Leben?

Der Moment, von dem ich vorhin erzählt habe, war ein sehr glücklicher Moment. Aber es gab auch andere. Einmal wuchs in mir das Gefühl, dass der liebe Gott mich gar nicht mehr liebt. So was gibt es auch im Klosterleben. Ich sagte zu ihm: »Gib mir ein Zeichen, dass du mich liebst.« Im Refektorium waren wir an einem Tisch zwölf Schwestern. Am Silvesterabend hatten wir die Idee, die Namen der zwölf Apostel auszulosen. Jede Schwester musste einen Zettel ziehen. In der Kirche sagte ich zu Gott: »Wenn ich heute Abend den Johannes ziehe – das war mein Lieblingsheiliger –, dann weiß ich, dass du mich liebst.« Als ich dann tatsächlich den Johannes bekam, war ich selig. Seither habe ich nie wieder ein Zeichen gebraucht.

Gab es auch Momente, in denen Sie mit Gott gehadert haben?
Gehadert habe ich nicht, nur manchmal habe ich gesungen: »Hast du, oh Jesu, vergessen auch mich, es sehnt doch mein Herz nach Liebe sich.« Aber ich hab auch gesungen: »Wie hast du, oh Jesu, geliebet doch mich.« Es gibt eben solche und solche Momente, auch kritische Stunden.

Wenn Sie zurückschauen, wie würden Sie Ihr Leben beschreiben?
Ich bin zufrieden mit meinem Leben, so wie es war. Jetzt sehe ich die Führung durch Gott. So bin ich auch hierhergekommen. Der Arzt hat mir erklärt, dass er mir nicht mehr helfen könne mit meiner Krankheit, dem Krebs. Er sagte, dass ich auch bald Pflege brauchen würde. Mir wurde klar, dass ich nicht mehr im Mutterhaus bleiben könne, das ist ja kein Krankenhaus oder Altersheim. Der Arzt sagte auch, ich solle lieber gleich gehen, solange ich noch keine Pflege bräuchte. Ich habe mir Gedanken gemacht und es mit dem lieben Gott besprochen. Und jetzt, wo ich hier bin, sehe ich ganz deutlich, dass er es wollte, dass ich jetzt hier bin. Und das macht mich zufrieden. Mir geht es gut, alle sind so freundlich. Morgens sehe ich die Sonne aufgehen. Das ist so schön. Ich kenne fast alle Schwestern und bin freudig empfangen worden. Jetzt sehe ich auf mein erfülltes Leben zurück und warte, bis ich in den Himmel gehe.

Wenn Sie noch mal von vorne anfangen könnten, was würden Sie anders machen?
Eigentlich nichts. Ich wüsste keinen besseren Weg für mich, mit allen Höhen und Tiefen. Ich habe nie an etwas anderes gedacht.

Viele Menschen finden keinen Sinn in ihrem Leben. Was ist wichtig für ein erfülltes Leben?
Religion. Dass man religiös ist und versucht, Gottes Willen zu erfüllen, ist wichtig. Man muss das Gute wollen und auch anderen helfen. Das gehört auch dazu. Und das Vertrauen zu Gott, dass ich dadurch auch mir vertraue, mir etwas zutraue.

Was ist das Wichtigste im Leben?
Für mich war es die Gotteserfahrung. Mein Leben mit Gott. Nichts war mir so wichtig. Im Ordensleben war mir wichtig, das zu tun, was »die Oberen« von mir verlangten. Gehorsam war für mich wichtig. Wenn eine sich durchsetzen will, dann geht es ihr im Klosterleben nicht so gut.

∼

LÄCHELN DES GLÜCKS

Schwester Roswitha, geboren 1931.
Sie trat im Alter von 24 Jahren in den Orden ein.

~

Schwester Roswitha, wie kam es zu der Entscheidung, ins Kloster zu gehen?

In einem Winter lernte ich bei den Schwestern kochen. Eine von ihnen sprach mich an, sie sagte: »Ach, du könntest doch auch ins Kloster gehen!«

Ich antwortete: »Nein! Das ist nichts für mich!«

Die Zeit, die ich bei den Schwestern verbrachte, führte mich zum inneren Leben, so möchte ich es ausdrücken. Ich dachte viel über meinen Glauben nach, über Jesus. Auch die Aufforderung der Schwester ging mir nicht mehr aus dem Sinn. Andererseits fühlte ich mich mit Leib und Seele der Landwirtschaft verbunden, dem Hof, auf dem wir lebten. Im Frühjahr kehrte ich wieder nach Hause zurück.

Der Weg von unserem Bauernhof zur Kirche war vier Kilometer lang. Am ersten Freitag im Monat, den wir den Herz-Jesu-Freitag nennen, zog es mich wieder zum Gottesdienst. Auf diesem Weg habe ich eine Verbindung zu Jesus gefühlt, es war irgendwie anders, ich merkte, dass es mir etwas gibt, was mich den Sinn des Lebens verstehen lässt.

Zurück auf dem Hof, beim Melken oder Geschirrspülen, habe ich gesungen und war so froh gestimmt. Es gab mehr in diesem Leben.

Ich hatte elf Geschwister. Meine älteren Brüder mussten in den Krieg und sind nicht nach Hause zurückgekommen. So übernahm ich ihre Arbeit. Zum Hof gehörten sechs Hektar Felder, viel Vieh und einige Haustiere. Meine Kindheit verlief eigentlich sehr schön, weil auch alle meine Schulkameraden in der Nähe wohnten. Als Kind bin ich am liebsten mit dem Vieh auf die Weide gegangen, das war nicht so anstrengend, man konnte sich auch mal unter einem Baum ausruhen. Hauptsache war, am Abend alle Rinder wieder nach Hause zu bringen. Ich mochte Tiere immer gerne.

Um herauszufinden, ob ich das Heimweh im Kloster überwinden konnte, nahm ich mir vor, eine Zeit fortzugehen. Es ergab sich die Gelegenheit, im Krankenhaus einer Stadt zu helfen. Also fuhr ich mit dem Zug hin und schrieb gleich nach meiner Ankunft einen Brief: »Habe den Weg gefunden. Ein Mann hat mir beim Umsteigen geholfen.« Daraufhin sagte der Vater: »Aha, geht das schon los!« Im Krankenhaus haben auch Schwestern gearbeitet. Ich blieb für ein Jahr. Selbst an Weihnachten bin ich nicht nach Hause gefahren. Je länger ich blieb, desto sicherer wurde ich in meinem Entschluss: Ich wollte im Kloster leben. Für meine Mutter war es schwer, weil ich zu Hause so viel mitgeholfen hatte. Der Vater meinte: »Die hält das eh nicht aus. Die kommt wieder.«

Welche Arbeit haben Sie gemacht und wo war das?
1956 bin ich dann ins Mutterhaus eingetreten. Mir war klar, dass ich Krankenschwester werden wollte. Ich kam in die Universitätsklinik, in den OP und besuchte nebenher die Krankenpflegeschule, aber eigentlich war diese Ausbildung umsonst, denn ich blieb 23 Jahre lang im OP-Dienst. Es war eine harte Arbeit mit vielen Nachtdiensten. Ich bat darum, etwas anderes machen zu dürfen. Sie schickten mich in die Ambulanz, was ich interessant fand und schön, denn nun konnte ich

mit meinen Patienten sprechen. Wir versorgten die unterschiedlichsten Verletzungen. Auch einige aufgeschnittene Pulsadern waren darunter. An selbstmordgefährdete Menschen kam man schlecht ran, das habe ich bedauert. Viele konnten einem gar nicht erklären, warum sie das getan hatten. 16 Jahre war ich in der Ambulanz tätig, bis ich krank geworden bin. Ich wurde operiert, später noch ein zweites Mal und konnte aus Krankheitsgründen nicht mehr so viel arbeiten. So bin ich dann hierhergekommen, als man eine Schwester suchte, die den Dienst in der Sakristei übernehmen konnte. Da die Arbeit in der Krankenpflege für mich nicht mehr möglich war, nahm ich die Aufgabe an. Es war ein Neuanfang und nicht immer leicht.

Was haben Sie in Ihrer Freizeit gemacht?

Freizeit hatten wir selten, dafür viele Nachtdienste. Erst später bekamen wir auch mal frei. Jetzt ruhe ich viel und lese gerne. Wichtig ist, sich die Zeit fürs Gebet zu nehmen, sonst schleicht sich Trockenheit ein.

Was ist gut daran, in einem Orden zu leben?

Wenn man die Berufung spürt, bewusst kein bequemes Leben zu führen, ist es gut. Gemeinschaft trägt, Gemeinschaft hält zusammen. Man feiert gemeinsam. Alle können durch ihre unterschiedlichen Charaktere, Fähigkeiten und Talente dazu beitragen.

Fühlen Sie sich manchmal einsam?

Ja, das kann vorkommen. Man muss sich an Jesus binden. Wenn man sich nicht genug Zeit nimmt, um die Verbindung herzustellen, dann wird es mühsam.

Was waren glückliche Momente in Ihrem Leben?

In der Ambulanz geschah es einmal, dass ein Taxifahrer eine Patientin brachte, die ich aufnahm. Und dann sagte er zu mir: »Schwester! Sie strahlen vielleicht was aus!« Ich war sprachlos und habe noch lange daran gedacht. Das war wohl meine Zufriedenheit und die Freude an der Arbeit. Mit den Ärzten gab es eine gute Zusammenarbeit. Das haben sie mir zwar nie gesagt, aber ich habe es gespürt, wenn sie zufrieden waren. Immer, wenn ich die Dankbarkeit der Patienten erfahren durfte, war das sehr beglückend. Wir haben hier jetzt wieder kleine Ministranten. Eines der Mädchen schrieb mir kürzlich einen Brief: »Ich bin immer so glücklich über Ihr Lächeln.« Das hat mich gefreut.

Gab es Momente, in denen Sie mit Gott gehadert haben?
Als ich krank wurde, ging es mir nach der Operation einige Tage lang richtig schlecht. Ich sagte mir: »Wir hatten solch einen guten Vater, der für alles sorgte, und obwohl wir eine große Familie waren, haben wir eigentlich keinen Hunger gelitten. Wenn ein menschlicher Vater das fertigbrachte, dann müsste Gottvater das noch besser können.« Dieser Gedanke gab mir Kraft.

Wenn Sie zurückschauen, wie würden Sie Ihr Leben beschreiben?
Ein erfülltes Leben. In den Todesanzeigen steht das doch so. Ich möchte es auch so ausdrücken. Eine Schwester hat einmal gesagt: »Ich bin nur froh, dass ich immer versucht habe, gut zu sein.« Was will man mehr? Obwohl es vielleicht nicht immer gelingt.

Wenn Sie noch mal von vorne anfangen könnten, was würden Sie anders machen?
Heute darf man sich aussuchen, was man lernen will. Damals mussten wir gehorchen. Aber mit meinen Fähigkeiten würde ich dasselbe wieder machen, vielleicht könnte ich manches besser machen. Für die Strapazen im OP war es wichtig, eine gute Gesundheit zu haben. Große Dinge könnte ich sowieso nicht vollbringen. Ich habe einfach getan, was mir befohlen wurde, in Gehorsam und dem Bewusstsein, was dieser Lebensweg fordert.

Für mich war es wertvoll und kostbar, in die Nachfolge Jesu berufen zu sein.

Viele Menschen finden heute keinen Sinn in ihrem Leben. Was ist wichtig für ein erfülltes Leben?

Menschen, für die man sorgen kann, sind wichtig. Menschen, mit denen man sich versteht. Ich kann ja nicht gut für jemanden sorgen, der mir abgeneigt ist. Auch das Familienleben ist anders geworden, die Mädchen waren früher viel länger zu Hause. Heute gehen sie schon früh eigene Wege. Viele Menschen sind vielleicht schon von Kind auf etwas verwöhnt, denken zu viel an sich, wollen immer was erleben.

Was ist das Wichtigste im Leben?

Schwere Frage. Zufriedenheit ist ganz wichtig und Frohsinn. Seit ich krank bin, werde ich manchmal wütend. Das war früher nicht so, früher war ich die Ruhe selbst. Darunter leide ich. Ich möchte das nicht. Ich möchte Zufriedenheit ausstrahlen. Es ist mein Wunsch, so hinzuscheiden, dass ich sagen kann: Es war nicht alles gut, aber ich habe mich bemüht. Anlässlich des Heimgangs einer lieben Mitschwester hielten wir gestern Gottesdienst, bei dem unser Herr Pfarrer wieder viel Frohes einflechten konnte. Ich habe danach zu ihm gesagt: »Das war heute so schön – ich wünschte, dass man auch nach meinem Sterben diese hoffnungsvolle Zuversicht spüren darf und ich zu denen gehöre, für die sie voller Vertrauen beten.«

~

DURCHGEHALTEN

Schwester Jordana, Jahrgang 1934.
Ordensschwester seit ihrem 23. Lebensjahr.

~

Schwester Jordana, wie kam es zu der Entscheidung, ins Kloster zu gehen?
Die Begegnung mit Vinzentinerinnen, die Art und Weise, wie sie die
Kranken versorgt haben, hat mich sehr beeindruckt. Ich war selbst
Krankenschwester. Ich merkte, dass ich den Kranken noch mehr geben
möchte als nur körperliche Hilfe und Fürsorge. In der Klinik waren
mehr als 100 Vinzentinerinnen tätig und ich habe bei einer Schwester
gearbeitet, die mich besonders beeindruckt hat, durch die Art und
Weise, wie sie die Kranken gepflegt hat und wie sie den Kranken begegnet ist. Da war mehr Wärme. Ich kam aus der »Ostzone« und dort
wurden die Kranken halt versorgt, nach dem Prinzip »satt und sauber«.
Und diese Ordensschwester war so anders, vor allem auch, wie sie mit
Sterbenden umgegangen ist. Wie sie die ernst genommen und begleitet
hat. Das war ich nicht gewohnt. Diese Motivation war im Vorder-
grund, warum ich in den Orden eingetreten bin und dann gab es natürlich auch religiöse Gründe, klar.

Welche Arbeit haben Sie gemacht und wo war das?
Ich kam dann ins Mutterhaus und durchlief die übliche Ausbildung.

Neun Monate Postulat und dann Einkleidung, schließlich ein einjähriges kanonisches Noviziat, in dem man streng im Mutterhaus bleibt. Zum praktischen Einsatz kam ich in den Operationssaal eines Krankenhauses in Mannheim. Eigentlich hat mir das nicht zugesagt, weil ich sehr gerne die Kranken direkt versorgt habe. Ich habe gehofft und darum gebeten, wieder in der Pflege eingesetzt zu werden. Die Antwort lautete aber jedes Mal: »Man braucht Sie jetzt hier.« Also blieb ich 13 Jahre lang im Operationssaal.

Danach kam ich nach Freiburg ins Josefskrankenhaus als Oberin, Pflegedienstleitung, Hauswirtschaftsleitung, alles in Personalunion, in einem Krankenhaus mit 250 Betten. Mit Kurzkursen und Weiterbildung habe ich mich auf in dieses Amt vorbereitet, in diese Aufgabe reingewühlt. Diese Zeit war sehr schwer. Ich würde sagen, es war eine Überforderung. Ich bin dann weggekommen, mit einer Art Nervenzusammenbruch und war drei Monate lang nicht dienstfähig.

Später teilte man mir wieder einen leitenden Posten zu, der aber leichter war, in einem Fachkrankenhaus für innere Krankheiten und physikalische Therapie. Dort war ich dann fast 25 Jahre, bis das Haus verkauft wurde. Drei Jahre blieb ich im Mutterhaus und wurde dann gefragt, ob ich noch mal eine verantwortliche Position in unserem Pflegeheim übernehmen würde, weil die Oberin erkrankte und sonst einfach keiner für diese Aufgabe zur Verfügung stand. Das sollte eigentlich nur für ein paar Wochen sein, übergangsweise, doch daraus wurden 14 Monate. Jetzt bin ich immer noch hier, als Unterstützung für die Oberin und das ist auch notwendig. Ich bin sehr gerne hier und dankbar, dass ich den Mitschwestern noch helfen kann.

Was haben Sie in Ihrer Freizeit gemacht?
Ich liebe die Natur und nutze jede Gelegenheit, draußen zu sein. Früh morgens um sechs, schon vor dem Gottesdienst, bin ich draußen. Ich höre Musik, lese viel und besuche gerne Kunstausstellungen, wenn sich die Gelegenheit bietet.

Was ist gut daran, in einem Orden zu leben?

Es ist gut, in einer Gemeinschaft mit Gleichgesinnten zu leben. Es kann aber zugleich schwierig sein, weil man sehr eng miteinander lebt und man einander ja nicht ausgesucht hat. Man muss versuchen miteinander zurechtzukommen. Um ehrlich zu sein: Es ist manchmal ein »Ertragen«. Man findet aber auch immer wieder Gleichgesinnte, mit denen man sich besser versteht. Ich habe immer wieder solche Begegnungen gehabt und auch Freundschaften erfahren dürfen, sehr gute, tiefe Freundschaften.

Einerseits muss man sich in vorgegebenen Grenzen bewegen, aber das muss man in jeder Gemeinschaft, das muss man auch in der Ehe. Da haben wir es sogar noch einfacher. Wir können am Abend die Tür hinter uns schließen. Meine Aufgaben waren zwar oft sehr schwer, haben mich aber auch ausgefüllt und ich hatte viele Gestaltungsmöglichkeiten. Ich hatte das Glück, verständnisvolle Vorgesetzte und Mitarbeiter zu haben. Wenn wir uns heute treffen, ist es einfach schön. Es war ja früher so, dass wir in den Krankenhäusern alle Schlüsselstellen mit Ordensschwestern besetzt hatten, alle Führungsaufgaben. Aber ich habe es gewagt, freie Mitarbeiter in Leitungspositionen einzusetzen.

Fühlen Sie sich manchmal einsam?

Ja, gerade bei Überforderung. Wenn man Verantwortung trägt, ist man in vielerlei Hinsicht alleine. Das kann schon bitter sein. Aber, wie gesagt, ich bin immer wieder Menschen begegnet, auch Priestern, die mir sehr viel Mut gemacht und mir geholfen haben. Für mich gibt es keine Zufälle, sondern Fügungen. Dies habe ich sehr oft erfahren. Gottes Fügungen, die mir immer wieder in ausweglosen Situationen eine Tür geöffnet haben – es ging immer wieder irgendwie weiter. Worunter ich sehr gelitten habe: Wenn ich sah, dass Mitschwestern überfordert waren, ich aber keine Möglichkeit hatte, Abhilfe zu schaffen, ihnen beispielsweise mehr Personal zur Verfügung zu stellen. Das hat mich in innere Schwierigkeiten gebracht.

Was waren glückliche Momente in Ihrem Leben?

Begegnungen mit Menschen. Und natürlich religiöse Erfahrungen, die man immer wieder macht und nach denen man weiß: »Du hast den richtigen Weg gewählt.« Begegnungen mit Gott, die einfach fühlbar, erfahrbar sind, Erfahrungen mit Gott in der Einsamkeit oder im Gottesdienst, Begegnungen mit Menschen, mit der Natur, mit der Kunst, mit Musik.

Gab es auch Momente, in denen Sie mit Gott gehadert haben?

Gehadert habe ich nie, obwohl ich schlimme Zeiten durchstehen musste. Das Schlimmste für mich war die schwere Krankheit und der Tod meiner Schwester. Ihr Mann ist schon vorher gestorben, mit 39, an einem Herzinfarkt. Sie war alleine mit drei kleinen Kindern. Vier Jahre später hat sie Brustkrebs bekommen. Sie wurde operiert. Sie hat furchtbar viel auf sich genommen, Chemotherapien, obwohl sie wusste, dass es nicht mehr viel bringt. Aber wegen der Kinder hat sie alles versucht. Sie hat mir gesagt: »Ich will mein Leben erhalten, bis meine Jüngste achtzehn ist.« Das hat sie geschafft.

Als sie dann starb, war ihr Verlust und die Ungewissheit, wie es mit den Kindern weiterging, furchtbar schwer für mich. Ganz schlimm. Manchmal hatte ich auch Zweifel, ob das Klosterleben der richtige Weg für mich ist. Manchmal dachte ich: Ich schaffe das nicht mehr. Jetzt, fünfzig Jahre nachdem ich die Gelübde abgelegt habe, muss ich sagen: Ich bin äußerst dankbar, dass ich durchgehalten habe. Wenn man seine Gelübde ablegt, wird man mit Namen aufgerufen und dann muss man sagen: Da! Also, ich bin da! Dieses kleine Wörtchen ist sehr schwerwiegend. Und wenn man mich jetzt, fünfzig Jahre später, wieder aufrufen würde, würde ich sagen: »Trotz allem noch da!« Das ist aber nicht mein eigener Verdienst, sondern Gnade, alles ist Gnade.

Wenn Sie zurückschauen, wie würden Sie Ihr Leben beschreiben?

Es war ein erfülltes Leben.

Wenn Sie noch mal von vorne anfangen könnten, was würden Sie anders machen?

Ich würde es wieder so machen, aber ich würde mir nicht mehr vorschreiben lassen, welchen Weg ich beruflich wähle, auch nicht von den Oberen. Das ist aber auch heute nicht mehr so üblich. Heute wird auf die Wünsche, die Neigungen und die Begabungen der Einzelnen mehr eingegangen. Damals wurde man irgendwo hingesteckt, wo man gebraucht wurde. Das war das Resultat, weil wir zu viele eigene Häuser hatten, zu viele eigene Einrichtungen, da hat man die Schwestern – ich würde sagen – verheizt.

Viele Menschen finden keinen Sinn in ihrem Leben. Was ist das Geheimnis für ein erfülltes Leben?

Ich glaube, dass viele Menschen heute zu sehr nach außen orientiert sind. Man sollte versuchen, zufrieden zu sein. Dankbar zu sein, die kleinen Dinge zu sehen, die kleinen Freuden zu suchen. Man sollte sich nicht immer so stark nach außen orientieren. Ich habe als Kind große Not erlebt, die Vertreibung, die Flucht. Wenn ich an meine frühe Kindheit denke, war sie geprägt von Hunger, von Kälte, von Mangel. Nach solchen Erfahrungen ist man vielleicht zufriedener. Die jungen Leute heute haben nichts dergleichen erlebt und können es nicht verstehen. Auch wenn ich so ältere Leute sehe, die unzufrieden sind, dann denke ich: Mein Gott, habt ihr alles vergessen?

Was ist das Wichtigste im Leben?

Zufriedenheit, Dankbarkeit. Mitmenschen, mit denen man sich versteht. Die Gewissheit, einen inneren Halt zu haben, auf den man immer wieder zurückgreifen kann. Für mich ist das die Religion, für mich ist es Gott. Einen inneren Halt, einen inneren Fixpunkt braucht man.

~

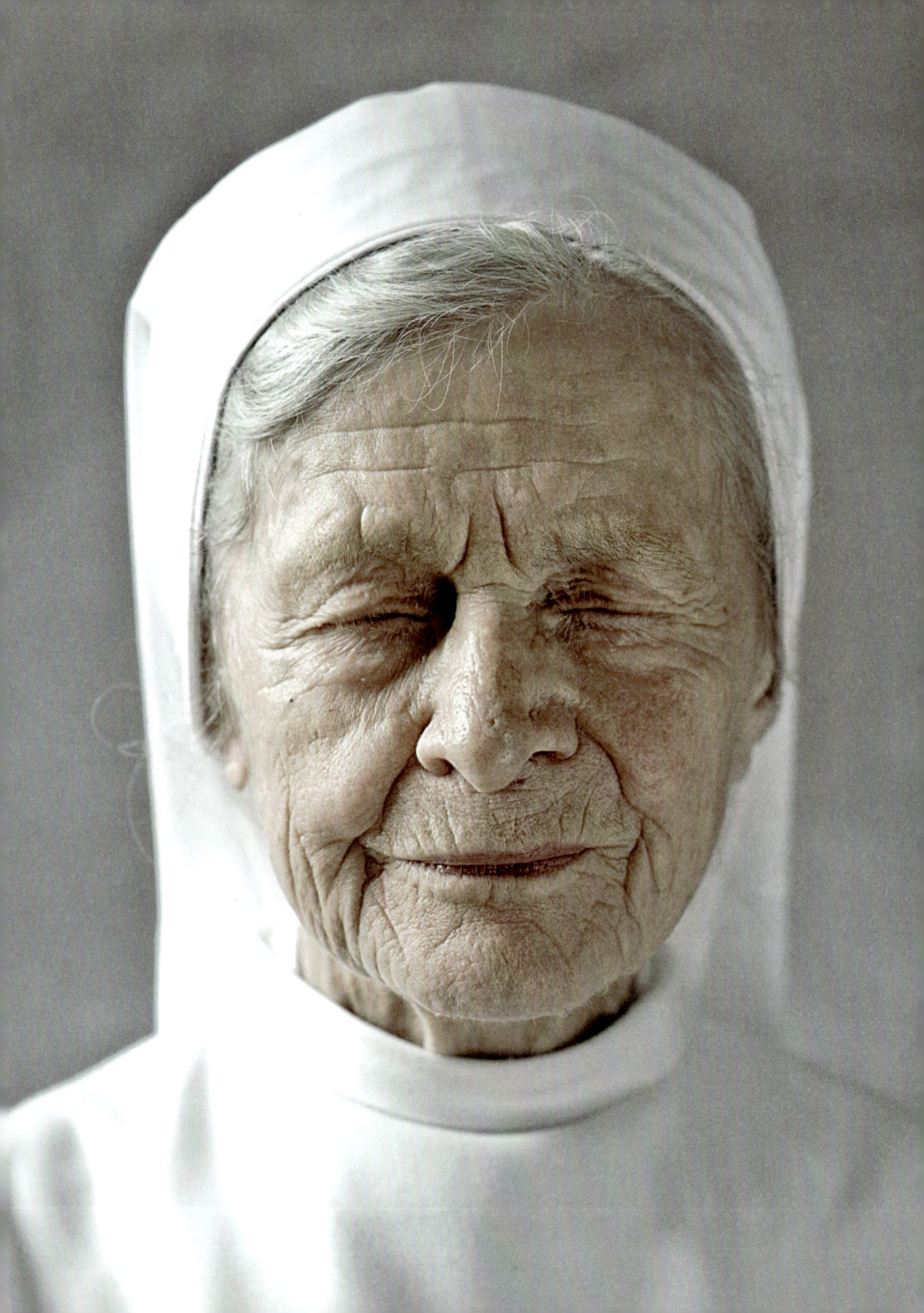

Näher mein Gott zu Dir, näher zu Dir,
drückt mich auch Kummer hier,
drohet man mir, soll doch trotz Kreuz und Pein,
dies meine Losung sein.

(Britisches Kirchenlied, Text: Sarah Flower
Adams, 1841, vertont von Lowell Mason.
Dieses Lied wurde von der Schiffskapelle bis
zum Untergang der Titanic gespielt.)

EIN VORRAT AN STOSSGEBETEN

*Schwester Maria Siegfried, geboren 1918. Sie trat mit 25 Jahren
in den Orden ein.*

~

Schwester Maria Siegfried, wie kam es zu der Entscheidung, ins Kloster zu gehen?
In meiner Jugend gab es viel Mühe und Arbeit. Ich komme aus der
Landwirtschaft. Ich hatte eine Schwester und neun Brüder. Es kamen
immer wieder Schwestern zu uns ins Dorf, auch in der Pfarrei kamen
Vinzentinerinnen zu Besuch, und ein halbes Jahr lang lernte ich bei bei
ihnen Kochen. Da dachte ich, dass das eigentlich das Richtige für mich
ist. In dem Jahr, als ich eintrat, starb meine Mutter.

Welche Arbeit haben Sie verrichtet?
Als Postulantin musste man das machen, was einem gesagt wurde. Und
dann als Novizin kam ich zur Probezeit auf eine Station, in der Schwestern tätig waren. Fünfzig Jahre lang habe ich immer im Haushalt gearbeitet, die meiste Zeit in einem theologischen Konvikt, einem Kol-
legium. Ich kümmerte mich um die Herren- und Studentenzimmer
und um die Kapelle. Unterhalten haben wir uns nicht mit denen, denn

wir standen nicht auf der gleichen Stufe mit den Priestern. Wir haben uns bemüht, immer alles schnell fertig zu machen.

Was haben Sie in Ihrer Freizeit gemacht?
Während des Semesterbetriebs musste man immer präsent sein, es gab sehr viel zu tun. In den Ferien hieß es, alle Zimmer und auch die Kapelle gründlich zu putzen. Es gab immer etwas zu tun. Die großen Ferien dauerten zwei Wochen; manchmal bin ich heimgefahren. Wenn ich Zeit hatte, habe ich auf der Zither geübt.

Was ist gut daran, in einem Orden zu leben?
Man fühlt sich gut aufgehoben. Man kann sich auf das Göttliche konzentrieren, weil man nicht an so vieles denken muss. Es gibt schon Vorschriften, aber man hat auch Freiheiten. Solange man noch im Dienst ist, natürlich weniger. Aber man muss sich nie Sorgen machen, wie es weitergeht. Es ist in der Fügung Gottes, dass irdische Dinge keine besondere Bedeutung haben. Man muss lernen, für die Ewigkeit loszulassen.

Fühlen Sie sich manchmal einsam?
In einem großen Konvent ist man zurückhaltender, weil man sich nicht so kennt. Man darf die Einheit und den Frieden nicht stören. Aber es gibt schon Mitschwestern, mit denen man sich besser versteht, mit denen man sich aussprechen kann. In der Familie ist das ja auch so. Die größere Liebe ist immer dort, wo man seine Fehler aussprechen kann.

Was waren glückliche Momente in Ihrem Leben?
Feste und Feiertage. Bei der Arbeit, vor allem wenn es schwere Arbeit war, musste man schon einen Vorrat an Stoßgebeten parat haben.

Gab es auch Momente, in denen Sie mit Gott gehadert haben?
Wenn Großputz war, dann mussten wir richtig zupacken. Aber geha-

dert habe ich nicht. Ich habe alles Gott zuliebe getan. Wie heißt es im Lied: »Näher mein Gott zu Dir, näher zu Dir, drückt mich auch Kummer hier, drohet man mir, soll doch trotz Kreuz und Pein, dies meine Losung sein.« Das war sein Ausdruck, sein Wille.

Wenn Sie zurückschauen, wie würden Sie Ihr Leben beschreiben?
Es war alles Gott zu Ehren: »Mein ganzes Leben hab ich dir geschenkt!« Die Gnade kann man nur von Gott erhalten und damit durchhalten. Und um diese Gnade, diese Kraft muss man jeden Tag bitten.

Wenn Sie noch mal von vorne anfangen könnten, was würden Sie anders machen?
Nicht vieles. Ich hatte diese Familie, diese Geschwister. Da kann man nicht so viel anders machen. Wir sind so geformt von Gott. Mein Weg war bestimmt.

Viele Menschen finden keinen Sinn in ihrem Leben. Was ist wichtig für ein erfülltes Leben?
Die Menschen sind schon freier, aber es fehlt ihnen am Übernatürlichen. Sie sind zu sehr auf dieser Welt, haben von klein auf nichts anderes erlebt. Aber der Weg zum Überirdischen geht manchmal nur über das Leiden. Sie haben alles, was sie wollen, alles geht glatt. Aber der göttliche Sinn fehlt. Der fehlt dann meistens schon den Eltern. Ganz egal, was Lehrer oder Pfarrer den Kindern lehren – was die Eltern einem sagen, das bleibt, bis man neunzig ist. Eine gute Familie ist wichtig.

Was ist das Wichtigste im Leben?
Dass man diese Gebote erfüllt: Liebe zu Gott und die Liebe zum Nächsten. Um den Sinn zu erfassen, muss man bitten. Und man muss beten.

∼

*Was ihr getan habt
einem von diesen meinen ge-
ringsten Brüdern,
das habt ihr mir getan.*

(Mt 25,40)

SCHILLERLOCKEN

*Schwester Claudiana, geboren 1925.
Ordensschwester seit ihrem 23. Lebensjahr.*

~

Schwester Claudiana, wie kam es zu der Entscheidung, ins Kloster zu gehen?
Keiner aus meiner Familie war in die NSDAP eingetreten und deshalb
musste ich als Schülerin in einem Rüstungsbetrieb der Firma Kromer
in Todtnau arbeiten. Es war eine schwere Zeit. Wir saßen an den Ma-
schinen, mit denen Ersatzteile für Nebelwerfer produziert wurden.
Neben mir arbeiteten Polinnen; es war verboten, mit ihnen zu sprechen. Hinter unserer Reihe patrouillierte ein Unteroffizier mit Gewehr.
Die Zwangsarbeiterinnen taten mir sehr leid. Sechs Nebelwerfer kamen in eine Kiste, die dementsprechend schwer war. Die Kiste mussten
wir tragen. Alleine, denn es war nicht erlaubt, jemanden um Hilfe zu
bitten. Kurz vor Kriegsende wurde eine von uns verhaftet, weil sie angeblich Sabotage begangen hatte. Später kam heraus, dass geplant war,
alle nach und nach festzunehmen.

   In der Fabrik gab es keinen Luftschutzkeller. Bei Fliegeralarm mussten wir im Heulen der Sirenen über die Straße in eine Schule laufen.
Eines Tages wurde ich während einer solchen Flucht getroffen. Ich
habe gar nichts gespürt, nur, dass es mir warm den Rücken runterlief

und sich mein Arm plötzlich taub anfühlte. Sie brachten mich in den Luftschutzkeller. Neben mir lag das Kind des Fabrikbesitzers (der übrigens auch gegen Hitler war). Das Mädchen war tot. Außerdem waren eine Frau und ein Soldat von Splittern getroffen worden. Sie brachten mich nach Hause. Niemand wusste, wie man mir das Metallteil entfernen sollte, den Arm konnte ich nicht bewegen.

Wenig später marschierten die Franzosen ein, Soldaten aus Nordafrika, es waren Marokkaner. Meine Mutter, meine Schwester, meine kleine Nichte und ich waren alleine zu Hause, die Männer kämpften ja an der Front. Unser Pfarrer ging den Soldaten mit der Bitte entgegen, die Mädchen zu verschonen. Sie hielten sich daran. Auf Vergewaltigung stand die Todesstrafe. In unser Haus zogen die Soldaten ein. Wir hatten kein Bett, keine Schüssel, nichts mehr. Aber meine Mutter sagte: »Solange uns nichts passiert, können sie alles haben.« An der Wohnzimmerwand hing ein Bild von mir – ich hatte schöne Schillerlocken – und auch das hängte einer der Soldaten ab. Ich wollte es ihm wegnehmen, aber er drückte das Bild an sich und sagte, dass er es zu Hause zeigen wolle.

Im Nachbarort wurde mir schließlich der Splitter entfernt, weil die Gefahr bestand, dass er in die Lunge wanderte. Sie mussten ihn ohne Narkose herausoperieren, es gab keine Betäubungsmittel. Angeblich habe ich so laut gebrüllt, dass es allen im Ort ganz anders wurde. Eines Tages, als ich genesen war, fragte mich der Fabrikant, ob ich auf seine drei Kinder aufpassen wolle. Er fragte mich auch, ob ich ins Kloster gehen wollte. Wie er darauf kam? Keine Ahnung. Zwar trug ich schon länger den Wunsch in mir, Krankenschwester zu werden, aber dies habe ich immer für mich behalten. Die Familie des Fabrikbesitzers zog nach Kiel. Ich bekam eine starke Angina und Gelenkrheuma und wurde in die Uniklinik eingeliefert. Dort habe ich die Vinzentinerinnen kennengelernt. Nach der ersten Begegnung wusste ich: Hier bleibe ich!

Welche Arbeit haben Sie gemacht und wo war das?

Ich wurde Vorschülerin in der Inneren Abteilung, die notdürftig in einem Altenheim untergebracht war, ohne Fahrstuhl, ohne Telefon. Wir schliefen unter dem Dach, das undicht war, so dass wir dauernd unsere Betten umstellen mussten, um nicht nass zu werden. Die Generaloberin kam und fragte mich, ob ich nicht eintreten wollte, aber ich habe nicht gleich zugesagt, lieber wollte ich noch ein wenig überlegen. Mit der Zeit aber wusste ich, was ich tun musste. Meine Familie war zwar nicht begeistert, aber für mich war die Entscheidung klar.

Ich musste mich erst an das Leben im Kloster gewöhnen. Vor der Einkleidung schnitt man mir die Haare. Das war bitter, ich habe geweint und mir in der ersten Nacht immer wieder über meinen Kopf gestrichen. Ich hatte so schöne Locken! Auch die Haube, die wir damals trugen, fühlte sich fremd an. Anfangs bin ich damit überall angestoßen. Im Kloster gab es keine Spiegel, aber ich wollte mich in der neuen Kleidung doch mal sehen. Also versuchte ich mich im Fenster zu spiegeln, nachdem ich mich versichert hatte, dass die Luft rein war. Ich drehte mich vor dem Fenster nach allen Seiten. Ausgerechnet in diesem Moment kam unser Superior an der Tür vorbei: »Echt Eva!«, raunte er nur. Er hatte mich am ersten Tag schon dabei erwischt, als ich das Treppengeländer hinunterrutschte. »Als zukünftige Vinzentinerin dürfen Sie das nicht mehr machen«, tadelte er mich. Er war sehr streng und oft unzufrieden mit mir.

Meine Ausbildung zur Krankenschwester begann und ich arbeitete in der Chirurgie der Uniklinik. Dann wurde ich versetzt, und das kam so: Ich war immer ein lebensfroher Mensch, womit einige der älteren OP-Schwestern scheinbar ein Problem hatten. Eines Nachmittags war ich alleine und hatte, weil alle anderen etwas aßen, eine Art Wache. Die Anweisung war, im Notfall sofort alle zu benachrichtigen. Ich war noch ganz neu und hatte keine Ahnung. Das Telefon klingelte. Jemand teilte mir mit, dass der Professor unterwegs zu uns sei, mehr habe ich, um ehrlich zu sein, vor Aufregung nicht verstanden. Sofort rief ich im

Refektorium an, um die anderen zu informieren. Weil auf dem Plan eine Nierenoperation eingetragen war, fing ich an, die Instrumente dafür vorzubereiten. Leider hatte ich bei dem Telefonat nicht mitbekommen, dass bei der bevorstehenden OP lediglich ein Abzess am Bauch entfernt werden sollte. Der Professor bekam einen Wutanfall, als er den OP betrat.

Nun folgte ein Riesentheater. Ich bekam eine Menge Ärger, verstand aber gar nicht recht, warum. Zur Strafe sollte ich mich zuerst beim Professor entschuldigen, dann bei der Oberin und zuletzt im Mutterhaus. Mit schrecklichem Herzklopfen meldete ich mich zunächst bei der Sekretärin des Professors. »Ach, Gott, Schwesterchen, was haben denn Sie angestellt? Sie sind ja schneeweiß!« rief sie, eilte zum Professor und bat ihn, das schneeweiße Schwesterchen gleich dranzunehmen.

»Komm mal her, Mädchen!«, rief er. Er hat immer »Mädchen« zu uns gesagt, nie Schwester.

»Herr Professor, ich war schuld, dass im OP zu viel vorbereitet wurde für die Nieren-OP. Ich habe das falsch verstanden und bitte Sie um Entschuldigung«, stammelte ich.

»Den Fehler machst du jetzt nicht mehr«, sagte er, »nächstes Mal verweist du direkt an die älteren OP-Schwestern. Und jetzt geh wieder, Mädchen.«

Die Oberin reagierte weniger verständnisvoll, schimpfte wie ein Rohrspatz, doch die Generaloberin, die ich im Mutterhaus aufsuchte, schien eher überrascht zu sein. Und zwar darüber, dass ich wegen so einer Lappalie hierhergeschickt worden war. »Wir feiern heute Namenstag«, meinte sie mit einem Lächeln, »jetzt trinken Sie erst mal mit uns Kaffee, essen ein Eis und dann gehen Sie wieder zurück.«

Von jenem Tage an sagte der Professor jedes Mal, wenn er mich sah: »Mädchen, du passt nicht in den Verein. Du bist so ein lebensfroher Mensch.«

Die anderen Schwestern sorgten dafür, dass ich nicht mehr im OP war, wenn er dort tätig war. Aber dann fing auch der Oberarzt an, solche Sprüche von sich zu geben, er fragte mich: »Sind Sie immer noch da? Ich dachte, Sie wollten gehen!« Das hat den anderen Schwestern Angst gemacht. So wurde ich eines Tages ins Mutterhaus bestellt und darüber informiert, dass ich meine Sacken packen müsse. Schon am nächsten Tag sollte ich in einer anderen Stadt meinen Dienst antreten. Ich packte mein Bündel und durfte niemandem (vor allem keinem Arzt) verraten, was los war.

Die Klinik, in die sie mich schickten, war sehr viel schlechter ausgestattet, geradezu primitiv. Ein ganzes Jahr habe ich gebraucht, bis ich mich zu Hause gefühlt habe. Meine Mutter hatte vor meinem Eintritt zu mir gesagt: »Wenn du am Altar ja gesagt hast, dann kannst du dem Herrgott nicht mehr davonlaufen. Der findet dich überall.« Zunächst hoffte ich noch, dass ich vielleicht wieder zurückgehen dürfte. Ich blieb 54 Jahre lang. 50 Jahre davon war ich auf der Chirurgie, meine Welt. Dann wurden die Chirurgie und die Innere Abteilung ins Kreiskrankenhaus verlegt, und wir bekamen die Kinderklinik in unser Haus. Ich fragte, ob ich eine Weile bei den Kindern sein könnte, auf der »Bären-Station«. So wurde ich die »Bären-Oma«.

Ich mag Kinder, vor allem aber habe ich mich um die Mütter und Väter gekümmert. Das Kind war gut versorgt, doch den Eltern ging es oft seelisch schlecht. Denen konnte ich helfen, sie dazu bewegen, etwas zu essen, das Zimmer kurz zu verlassen, spazieren zu gehen. Dazu blieb dem Pflegepersonal im hektischen Alltag gar keine Zeit. Leider sind meine Augen immer schlechter geworden. Ein Arzt riet mir, in Ruhestand zu gehen, solange ich wenigstens noch ein bisschen sehe. Trotzdem war es ein innerer Kampf. Jetzt bin ich hier bei den alten Schwestern. Ich kann noch in die Kirche spazieren, ins Refektor und mich orientieren. Ich habe es keinen Tag bereut, hier zu leben. Alle sind nett zu mir und viele kannte ich auch schon.

Was haben Sie in Ihrer Freizeit gemacht?
Ich hatte keine Freizeit. Wir hatten so viel zu tun, dass oft nicht einmal

Zeit zum Essen war. Aber die Patienten haben mich gehalten, denn ich wusste: Die brauchen mich. »Aus Liebe zu den Patienten musst du die Kapelle verlassen«, das hat der heilige Vinzenz gesagt und das habe ich befolgt. Und natürlich erinnerte ich mich an den Ausspruch meiner Mutter, auch wenn ich mich manchmal darüber geärgert habe: »Wenn du einmal am Altar ja gesagt hast, kannst du dem Herrgott nicht mehr davonlaufen, er findet dich überall.«

Was ist gut daran, in einem Orden zu leben?
Ich bin Gott dankbar. Die Gemeinschaft hat mir immer Kraft gegeben. Ich konnte meinen Beruf lernen und für meine Patienten da sein. Wie oft saß ich auch spät am Abend noch bei einem Schwerkranken am Bett, der mit mir sprechen wollte. Zu den Geistlichen habe ich gesagt: »Ihr habt immer nur ein paar Minuten am Bett. Wir sind die Beichtväter.« Was ich alles erlebt habe! Einmal lag ein Mädchen bei uns, das abgetrieben hatte. Sie weinte und hat nichts gegessen. Weil ihre Eltern besonders katholisch waren, haben sie sie aus dem Haus gejagt, als sie schwanger wurde. Ihr Freund half ihr, jemanden für die Abtreibung zu finden. Mit starken Blutungen kam sie zu uns. Sie wusste nicht, wohin sie nach ihrer Entlassung sollte. Weil sie mir so leid tat, nahm ich Kontakt zu ihren Eltern auf und bat sie, zu kommen. Der Vater hat getobt und gebrüllt und die Mutter hat geweint, als ich mit ihnen reden wollte. Ich hörte dem Tobenden eine Weile zu und als er wieder davon anfing, wie katholisch er sei, sagte ich zu ihm: »Ich habe den Eindruck, Sie sind katholischer als der Herrgott.« Er schaute mich verdutzt an und ich fuhr fort: »Ich möchte Sie daran erinnern, was Jesus gemacht hat mit Maria Magdalena, der Ehebrecherin. Was hat er mit dem Petrus gemacht? Stehen Sie höher als Jesus?«

Der Mann sagte nichts mehr, ich legte nach.

»Wissen Sie, wenn der Herrgott dem größten Sünder verzeihen kann und Sie Ihrer Tochter nicht verzeihen können, dann sind Sie nicht gut katholisch«, damit endete ich. Er wurde sichtlich kleiner, fiel in sich zusammen und ich sah seine Tränen. Da fragte ich ihn, ob ich seine Tochter holen dürfe. Er nickte. Als sie kam, weinten sie zusammen und sie fiel ihrem Vater um den Hals. Er versprach, sie abzuholen, wenn sie entlassen würde. Die Mutter sagte mir, dass es doch schön wäre, wenn das Mädchen noch beichten könnte, damit alles gut wäre.

»Kein Problem«, sagte ich ihr und holte den Vikar.

Die Beichte dauerte sehr lange. Heute weiß ich immer noch nicht, wie ich den Mut aufgebracht habe, so mit diesem Vater zu reden. Das kam nicht von mir, das muss von oben gekommen sein.

Fühlen Sie sich manchmal einsam?

Wenn man überfordert ist, dann fühlt man sich manchmal einsam und verlassen.

Was waren glückliche Momente in Ihrem Leben?

Ich erinnere mich an einen Patienten, der lag auf der Privatstation und war Freimaurer. Der Arzt fragte mich, ob es für mich in Ordnung sei, ihn zu versorgen, oder ob es lieber eine freie Schwester machen soll. »Ich hab doch keine Angst vor dem!«, rief ich. Also versorgte ich ihn. Am dritten Tag sagte er zu mir: »Schwesterchen, wenn Sie wüssten, was ich bin, dann wären Sie nicht so nett zu mir.« »Dass Sie Freimaurer sind weiß ich, aber hier sind Sie mein Patient und müssen tun, was ich sage«, klärte ich ihn auf. Wir mussten beide lachen. Als er entlassen wurde, schickte er mir viele Monate noch Kaffee mit den Worten: »Ich habe das Nönnchen lieben gelernt.« Zum Arzt sagte ich: »Wenn er das Nönnchen lieben gelernt hat, dann hat er doch immerhin lieben gelernt.«

Und noch eine kleine Geschichte fällt mir ein: Die Fabrikantenkinder, die ich als junges Mädchen gehütet habe und die später nach Kiel gezogen sind, haben den Kontakt zu mir immer gehalten. Sie haben mich eingeladen, sie zu besuchen. Vor meiner Abreise sollte ich ihnen noch die Nummer von meinem Ausweis durchgeben, was ich merkwürdig fand. Sie verrieten nicht, warum. In Celle angekommen, erzählten sie mir, dass sie, ein Geistlicher und noch zwei andere regelmäßig inhaftierte Schwerverbrecher besuchten. Ich sollte mitkommen. Ich war ziemlich überrumpelt. »Die werden Sie total ausfragen«, sagte mir der Pfarrer, »darauf müssen Sie sich einstellen. Seien Sie bitte ganz ehrlich.« Als wir dann im Gefängnis eintrafen und sich die schwere Stahltür hinter uns schloss, war es eigentlich ganz nett und sah gar nicht aus wie ein Gefängnis. Die Gefangenen wussten von meinem Besuch; ich setzte mich zwischen die Häftlinge. Es wurde aus der Bibel gelesen und gesungen und zur Feier des Tages gab es Kaffee und Kuchen. Zuerst durfte ich Fragen an die Insassen stellen. Ich wollte wissen, warum sie hier seien und wir ihr Alltag ablaufe. Sie erzählten mir, was sie getan hatten und was für sie nun am schlimmsten war: wenn abends die Lichter ausgingen und sie im Dunkeln auf ihren Pritschen saßen. Dann durften sie mir Fragen stellen. Ich erzählte von meiner Arbeit, davon, dass ich auch manchmal überfordert war. Sie fragten mich, woher ich denn immer wieder die Kraft nahm, um durchzuhalten. Ich erzählte, dass ich oft nach einem langen Arbeitstag eine Weile in der Kapelle saß und mit Gott sprach. Egal wie fertig ich gewesen war – nach kurzer Zeit fühlte ich mich ruhig und gelassen. »Das ist eine Idee«, meinte ein Gefangener, »das probiere ich aus, mich einfach abends auf der Pritsche mal mit Gott zu unterhalten, aber beten kann ich nicht.« »Oh doch, wenn Sie mit Gott reden, dann ist das ein Gebet«, erklärte ich ihm.

Gab es Momente, in denen Sie mit Gott gehadert haben?
Ja, die gab es. Als ich noch eine ziemlich junge Schwester war, hatte ich einen Patienten, Hans, Zollbeamter, perforierter Blinddarm, der hat sich ein bisschen in mich verguckt. Er sah gut aus, war nett und hat mir auch gefallen, aber für mich war er ein Patient. Nachdem er vier Wochen bei uns war, sagte er bei seiner Entlassung zu mir: »Schwester Claudiana, ich sehe Sie nur arbeiten. Das ist doch kein Leben für Sie. Ich kann Ihnen helfen, aus dem Kloster rauszukommen.« Das hat mich

aufgewühlt und ich wusste nicht, was ich tun sollte. Ich ging zum Chef, weil ich mit der Oberin nicht darüber sprechen konnte. Er verstand meine Stimmung, erinnerte mich aber daran, was meine Mutter mir damals gesagt hatte, und riet mir, abends in die Kapelle zu gehen und das mit Gott zu besprechen. »Sagen Sie Gott, dass Sie am liebsten gehen würden«, empfahl er mir. Hans hatte mir einen Strauß langstieliger Rosen geschenkt. Und als ich in der Kapelle saß, wurde ich so wütend, dass ich die Rosen auf den Altar geschmissen habe mit den Worten: »Da hast du sie!« Ich war so wütend, weil ich vor so eine Entscheidung gestellt wurde. Später hat es mir dann leid getan und ich dachte: »Wie kannst du dem Herrgott nur die Rosen so hinwerfen!«

Die Oberin freute sich über die Rosen, die jemand auf den Altar gelegt hatte, und stellte sie in eine Vase. War ich wütend auf mich, dass ich die Rosen nicht wenigstens kaputt gemacht hatte. So musste ich sie täglich in der Kapelle auf dem Altar auch noch anschauen. Kurz darauf kam die Mutter von Hans ins Krankenhaus und sagte mir, dass ihr Sohn noch immer auf mich wartete. Ich sagte: »Bestellen Sie ihm einen schönen Gruß, aber ich komme nicht. Ich bleibe, wo ich bin.«

Wenn Sie zurückschauen, wie würden Sie Ihr Leben beschreiben?
Ein Leben mit vielen schönen Momenten und schönen menschlichen Begegnungen. Ich wollte dem lieben Gott durch meine Arbeit dienen, und das konnte ich auch.

Wenn Sie noch mal von vorne anfangen könnten, was würden Sie anders machen?
Ich würde alles noch mal so machen und alles wieder mitmachen, Freud und Leid. Oft habe ich abends gedacht: »Ich kann mich jetzt einfach ins Bett legen und muss mir keine Gedanken machen, kann alles dem lieben Gott übergeben. Als bei mir Brustkrebs diagnostiziert wurde, fragte mich der Arzt, was ich dazu sagen würde. »Was soll ich dazu sagen?«, fragte ich ihn. »Ich bin Ordensschwester und brauche nicht zu resignieren. Ich nehme es, wie der Herrgott es schickt.«

Viele Menschen finden keinen Sinn in ihrem Leben. Was ist wichtig für ein erfülltes Leben?

Ein Beruf, in dem man mit Menschen zu tun hat.

Was ist das Wichtigste im Leben?

Das Wichtigste für mich ist, dass ich dem Herrgott treu geblieben bin. Und ich habe keine Angst vor dem Sterben. Ich konnte vielen helfen und habe immer meine Pflicht erfüllt. Oft hatte ich keine Zeit, in die Kirche zu gehen oder die Messe zu besuchen, aber der Patient war mir wichtiger. So wie der heilige Vinzenz es gesagt hat. Ich kann nicht in der Kapelle sitzen, wenn der Patient Schmerzen leidet und ich ihm helfen kann.

~

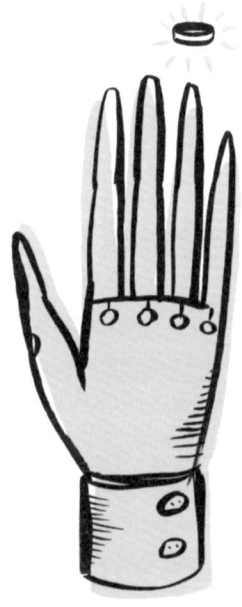

KEUSCHHEIT

Fürchte dich nicht,
ich bin mit dir.
(Jes 41,10)

AUFBAUJAHRE

Schwester Bona, Jahrgang 1925, trat mit 18 Jahren in den Orden ein.

~

Schwester Bona, wie kam es zu der Entscheidung, ins Kloster zu gehen?

Das ist mir selbst ein Rätsel. Bei uns im Dorf gab es keine Schwestern, ich habe gar keine gekannt und ich wusste nichts über die unterschiedlichen Orden. Das lag einfach in mir. Mit acht Jahren wusste ich schon, dass ich für Gott leben möchte. Mit vierzehn habe ich noch mal lange darüber nachgedacht und habe mich dann entschlossen, diesen Weg zu gehen.

Im Krieg kam ich zu meiner Tante, die eine große Gemischtwarenhandlung besaß. Ihre drei Söhne waren alle im Krieg und sie brauchte jemanden, der ihr zur Hand ging. Ich blieb zweieinhalb Jahre. Mein Ziel, in einen Orden einzutreten, habe ich aber nicht aus den Augen verloren. Mit 17 wollte ich mir das Leben in einem Orden anschauen und bin zusammen mit einer Freundin nach Lörrach gefahren, um bei den Schwestern Kochen zu lernen. In dieser Zeit haben wir uns dann einfach im Mutterhaus angemeldet, ohne dass unsere Familien davon gewusst haben.

Mein Vater hat davon durch meine jüngere Schwester erfahren. Es gab eine große Auseinandersetzung.

Mein Vater schimpfte: »Du weißt doch noch gar nicht, was du da tust.«
Er fand, dass ich zu jung sei. Ich habe ihm gesagt, dass ich ganz genau
wüsste, was ich tue. Außerdem könne ich ja jederzeit wieder zurück,
wenn es mir nicht gefiele. Irgendwann war er dann einverstanden.
Meine Mutter war es nicht. Sie wollte, dass ihre Kinder in der Nähe
bleiben, um irgendwann für sie sorgen zu können. Aber ich hatte schon
meinen Eintrittstermin. Ordenseintritte waren zur Zeit des Nationalsozialismus aber nicht erwünscht und wurden deshalb erschwert. Vor-
aussetzung war, dass das Arbeitsbuch vom Arbeitsamt geschlossen wurde, was bedeutete, dass man vom Arbeitsdienst befreit wurde. Das war
abhängig von der Region, aus der man kam, aber auch vom guten
Willen des zuständigen Beamten. Bei mir hat es geklappt.

Welche Arbeit haben Sie gemacht und wo war das?
Wir waren fünf im Kurs. Ich durchlief das Postulat, eine einjährige
Vorbereitung auf das Noviziat und wurde dann eingekleidet. Vier Wochen später erlebte ich den Bombenangriff auf das Mutterhaus. Wir
hatten uns gerade zur Singstunde im Refektorium versammelt, als auf
einmal alle Fensterscheiben barsten und uns der Luftdruck die Füße
wegriss. Wir waren völlig überrumpelt – es hatte keinen Voralarm gegeben. Die Frau Mutter eilte herbei mit dem Schlüssel zum Luftschutzkeller: »Schnell, schnell in den Keller!«, rief sie. Die Zerstörung ging
sekundenschnell. Als der Superior alarmiert aus seinem Zimmer stürz-
te, sah er, dass unsere Kirche bereits komplett in Schutt und Asche gelegt war. In letzter Sekunde schafften wir es, in den Keller zu gelangen.
Es war stockdunkel, wir stolperten, lagen übereinander und waren
vollkommen orientierungslos. Alles voller Staub. Viele schrien sich die
Seele aus dem Leib in ihrer Todesangst. Für mich war klar, dass ich
jetzt sterben würde. Meine Gedanken gingen zu meiner Familie zu
Hause und wie schwer sie mein Tod treffen würde. Das Mutterhaus
war bis in den Keller hinein zerstört worden. Die Weinfässer im Keller,
die Akten, die da lagerten – alles kaputt. Wir waren verschüttet. Es

wurde ruhiger draußen. Der Superior, der nicht mit uns im Luftschutzkeller war, sondern im Kellerflur Schutz gesucht hatte, machte sich auf den Weg zu uns. Bald kamen auch Soldaten, um uns zu helfen. Es bestand Lebensgefahr, weil immer wieder Balken und Schutt herunterbrachen. Wir hatten eine schwer verletzte Schwester, die unbedingt geborgen werden musste. Kurzerhand legten wir sie auf eine Matratze und schleppten sie raus ins Freie, über die Straße in eine Schule gegenüber des Mutterhauses. Dort gab es einen Keller, in den alle Verwundeten gebracht werden sollten. Als wir wussten, dass sie versorgt war, eilten wir zurück zum Mutterhaus. Wir sammelten alle Gegenstände ein, die wir finden konnten, und stapelten die Sachen auf einen großen Haufen vor der Schule.

Wer von uns noch am Leben war, wussten wir nicht. Überall auf der Straße gab es Tote und Schwerverletzte. Unser Spiritual teilte uns Novizinnen zum Helfen ein und wies uns Verletzte zu, um die wir uns kümmern sollten. Bis zum Morgengrauen waren wir auf den Beinen. Dann stellte sich für uns die Frage, wo wir nun hingehen sollten. Unser Krankenhaus, die Klinik, das Mutterhaus – alles zerstört. In der Nacht hatten wir gesehen, wie aus den Fenstern eines benachbarten Gebäudes Flammen schlugen. Da standen wir nun. Wir erfuhren, dass einige Schwestern umgekommen waren, aber keine aus unserem Kurs. Die Mutter Oberin sagte uns, sie würde es uns freistellen, wieder nach Hause zu gehen. Aber keine von uns wollte wieder nach Hause. Ein Traktor wurde organisiert und unsere geretteten Habseligkeiten wurden von der Straße auf den Anhänger geladen. Zuletzt kletterten wir Novizinnen oben drauf. Unser Superior, der immer sehr streng war und nie ein Lob aussprach, schaute zu uns hinauf. »Ihr wart sehr tapfer. Ich muss euch loben«, sagte er. Wir fuhren los, raus aus der Stadt, Richtung Süden. Unser Ziel war ein Ordenshaus, das nicht zerstört worden war. Die Schwestern erwarteten uns bereits, hatten sogar neue Schleier für uns angefertigt und Ordenskleider organisiert. Am nächsten Tag aber musste das Haus geräumt werden, weil die Franzosen anrückten und es Beschuss gab. Die französische Grenze war ja nur wenige Kilometer entfernt. In einem unserer Waisenhäuser bei Freiburg wurde uns ein Raum zur Verfügung gestellt. Wir fuhren also hin und bezogen den Raum. Der Fußboden war vollständig mit Stroh bedeckt, Betten gab es nicht. Jeden Tag marschierten wir in die Stadt zum Mutterhaus. Gegenüber war das Seminar des Ordinariats, das auch ziemlich zerstört war, aber der Keller war noch weitgehend intakt. Wir bekamen die Erlaubnis, alles mitzunehmen, was wir gebrauchen konnten. Es gab Mehl, Grieß, Seife, eingemachtes Obst und vieles mehr. Diese Schätze schleppten wir jeden Abend wieder zurück ins Waisenhaus. Mitte Dezember wurden wir schließlich vom Pfarrer in Ibach eingeladen, der uns einige Räume im Pfarrhaus und den Holzschuppen zur Verfügung stellte. Es war alles sehr primitiv. Betten hatten wir zum Glück selbst mitgebracht, aber der Holzschuppen war nicht beheizbar, morgens war das Wasser in unserer Waschschüssel gefroren. Wir konnten die Toilette der Gemeinde benutzen, die sich im Hof befand, sodass wir nachts im Mantel mit Kerze dorthin wandern mussten. Allesamt waren wir erkältet und ziemlich angeschlagen. Außerdem hatten wir fast nichts zu essen, die Leute dort waren arm. So sammelten wir Gras, Brennesseln und was sonst noch zu finden war zu dieser Jahreszeit, um irgendwas daraus zu kochen. Es gab Schwestern in Birndorf und Unteralpfen, die erfahren hatten, dass wir in Ibach untergekommen waren. Die waren für uns schon bei den Bauern »hamstern« gegangen und hatten Vorräte angelegt, die wir abholen konnten. Es war sehr weit dorthin und es lag so viel Schnee, dass man den Weg nur erahnen konnte. Zu viert hatten wir uns früh um sieben aufgemacht und stapften durch den Wald, ausgerüstet mit Rucksäcken, Taschen und Körben. Zum Glück bekamen wir bei den Schwestern etwas zu essen, aber bis wir schwer beladen mit Speck, Mehl, Grieß und Eiern wieder zurückkamen, war es schon dunkle Nacht. Es war nicht ungefährlich, weil wir immer wieder die Orientierung im Schnee verloren haben. Dazu kam, dass wir nicht vom Ortsgruppenleiter in Birndorf erwischt werden durften. Der hasste uns Schwestern, der hätte uns alles wieder abgenommen und vielleicht sonst noch was angetan. Trotzdem machten wir uns regelmäßig wieder auf den Weg. Was blieb uns auch übrig? Das war unsere Noviziatszeit. Morgens hatten wir immer eine Stunde Unterricht von sechs bis sieben und wir konnten zur Kirche gehen. Wir verteilten die Arbeit, die es zu erledigen gab: kochen, putzen. Der Pfarrer war mehr als gut zu uns, half, wo er konnte, flickte sogar unsere Schuhe. Am Tag vor Ostern waren ich und Schwester Lucia zum Putzdienst eingeteilt. Wir gaben uns besonders viel Mühe und bohnerten den Fußboden. Dabei ging aber leider die Kloschüssel zu Bruch. Was für ein Drama, ein Pfarrhaus ohne Toilette vor den Osterfeiertagen! Es half nichts, wir mussten mit dem Handkarren losziehen in die nächste Stadt, um eine neue zu besorgen. Als wir endlich wieder im Hof des Pfarrhauses angekommen waren, kam gerade die feierliche Osterprozession aus der Kirche. Wir knieten uns nieder, hinter uns der Handkarren mit der neuen Kloschüssel. Was für ein Bild muss das gewesen sein!

Zu Pfingsten marschierten die Franzosen ein. Wir hissten ein weißes Laken auf dem Kirchturm. Sie ließen uns tatsächlich in Ruhe, nahmen uns auch nichts weg (den Speck hatten wir aber vorher im Hof vergraben). Endlich bekamen wir eine Botschaft von der Generaloberin zugeschickt: Sobald wir die Gelegenheit hätten, mit unserem Hausstand nach Freiburg zu kommen, sollten wir uns auf den Weg machen, es gäbe eine neue Unterkunft für uns.

Das St. Agnes, früher eine Haushaltsschule unseres Ordens, war während des Krieges ein Kriegsgefangenenlager, in dem zwei von unseren Schwestern gekocht haben. Unter den Gefangenen waren auch Franzosen. Die Schwestern sorgten gut für die Gefangenen – und kochen konnten sie auch. Als die französischen Besatzer davon erfuhren, gaben sie das Haus wieder an den Orden frei. Wir haben uns riesig gefreut! In Windeseile organisierten wir einen Traktor mit Anhänger und packten abermals unser Hab und Gut zusammen. Wieder saßen wir ganz oben drauf, aber dieses Mal haben wir die ganze Fahrt gesungen vor Freude. Als wir dann schließlich unser zukünftiges Heim besichtigten, blieben uns die Lieder im Hals stecken. Es sah schlimm aus, denn die Soldaten hatten einen riesigen Saustall hinterlassen. Es gab keine Fenster mehr, keine Türen, keine Kloschüssel. Dafür Stroh, Dreck, Wanzen Flöhe. Lieber Gott! Wir mussten Raum für Raum saubermachen, die Wanzen von den Wänden schaben. Wir hatten den ganzen Sommer zu tun. Wir schufteten wie Maurer, zogen Wände ein und restaurierten nach und nach das ganze Haus. Eines Tages kam ein Pfarrer vorbei und fragte: »Wer seid ihr denn?« »Novizinnen!«, erklärten wir ihm. Das konnte der kaum glauben. Es gab ganz wenig zu essen, wir hatten immer Hunger und litten unter Wanzenstichen. Es war keine leichte Zeit.

Nach meiner Zeit als Novizin kam ich in die zerbombte medizinische Klinik. Dort gab es Säle mit 20 Betten, Tröge, in denen sich alle waschen mussten. Es mangelte an Nahrung. Die Dächer waren undicht. Wenn es regnete, mussten wir vor dem Schlafengehen die Schirme aufspannen, um nicht nass zu werden. Unter diesen Umständen lebten wir fünf Jahre lang. 1947 machte ich Examen als Krankenschwester. 1950 kam ich in die teilweise wiederaufgebaute Klinik und musste gleich die Herzstation übernehmen, weil Schwestern fehlten. Viele sind beim Angriff umgekommen. Man muss sich das vorstellen: Mit 24 leitete ich die Herzstation! Ich hatte keine Ahnung. Zur Station gehörten 25 Betten, viele Schwerkranke galt es zu versorgen. Aber es ist alles gutgegangen.

Zehn Jahre blieb ich auf der Herzstation, dann wurde ich versetzt, zu Professor Ludwig Heilmeyer. Das war der »Blutpapst«, wie ihn alle nannten, er kümmerte sich nur um Blutkranke, vor allem um Patienten mit Leukämie. Als er mich sah, fragte er meine Oberin: »Das ist noch eine ganz junge Schwester! Kann die das?« »Die kann das«, antwortete sie. Bei der ersten Visite merkte er wieder an, wie jung ich sei. Ich sagte ihm, dass ich bereits seit fünfzehn Jahren in der Klinik arbeiten würde. Da fragte er mich, ob ich schon als Kind ins Kloster gegangen sei. Er konnte es nicht glauben!

Zwei Jahrzehnte habe ich mit ihm auf der Station gearbeitet. Es war eine sehr gute Zeit. Insgesamt blieb ich 35 Jahre auf dieser Station. Das war eine Privatstation mit 18 Betten in Einzelzimmern und drei Chefärzten. Mit 65 Jahren wollte ich nicht mehr so viel Verantwortung, das habe ich den Chefs auch gesagt. Ich blieb aber trotzdem noch zwei Jahre, wegen des Personalmangels. Die Pflegedienstleitung hat gebettelt, dass ich komme. Nachdem ich zwei Jahre dort war, fragte mich die Generaloberin, ob ich ein Haus im Glottertal übernehmen könnte, so eine Art Gästehaus. Aber ich hab gesagt: Ich bin Krankenschwester! Ich will das nicht, ich will bei den Kranken sein. So kam ich noch acht Jahre nach Lörrach, bis ich fast achtzig war. Danach wollte ich nichts Neues mehr anfangen und bin hierher, in den Altersruhesitz der Schwestern gekommen.

Mit achtzig muss man auch mal einen Punkt machen. Und ich wollte nicht erst als Todkranke hierher kommen. Ich wollte auch noch was von der Natur und der Ruhe hier genießen und mal zu mir kommen.

Was haben Sie in Ihrer Freizeit gemacht?

In der Klinik hatte ich wenig Freizeit. Oft war ich die halbe Nacht noch auf den Beinen. Ich habe immer auf Station geschlafen, die ganze Zeit. Später hatten wir auch mal ein paar Stunden frei. Aber das war ein Kampf. Manche haben das gar nicht begreifen wollen. Wir waren ja von morgens bis abends auf Station, das war unser Zuhause. Die Patienten waren zufrieden und fühlten sich geborgen, weil wir immer bei ihnen waren. Das war ein Dilemma, als die Ordensschwestern weg waren, weil keiner richtig Bescheid wusste.

Später bin ich manchmal übers Wochenende ins Grüne gefahren. Der Orden hatte so ein Ferienhaus für die Schwestern. Erst mal habe ich mich ausgeschlafen und dann bin ich raus an die Luft, spazieren. Urlaub haben wir dort auch gemacht.

Was ist gut daran, in einem Orden zu leben?

Ich wollte für Gott leben, sonst gar nichts. Mir war es egal, ob ich Krankenschwester oder Nähschwester oder sonst was werde. Die wollten mich alle haben, auch die Schuhmacherschwester wollte mich haben, weil sie gesehen hat, dass ich geschickt mit den Händen bin. Aber die Novizenmeisterin wollte, dass ich Krankenschwester werde. Und ich habe als Krankenschwester sehr viel leisten können. Die Kranken waren bei mir daheim. Ich konnte mich in sie hineinfühlen, ihnen helfen, ich konnte gut mit ihnen umgehen. Das war einfach wunderbar. Ob dies mit meiner Religiosität zusammenhing? Ich weiß es nicht.

Wir pflegten auch viele reiche Patienten aus dem Ausland, aus der ganzen Welt, sogar aus Amerika, weil Professor Heilmeyer in der ganzen Welt bekannt war. Diese Patienten sprachen natürlich kein Deutsch, wir Schwestern kein Spanisch oder Türkisch. Wir verständigten uns mit Händen und Füßen.

Ich fühlte mich immer als Ordensschwester und habe die Gebetszeiten eingehalten. Aber meistens haben wir gearbeitet. Ich war glücklich, weil ich gemerkt habe, dass ich viel für die Menschen tun kann. Das hat mich bestärkt. Mein Chef, also der Professor, hat immer gesagt: »Ja, wenn die Bona da ist, dann geht es wieder besser.« Viele, viele konnte ich beruhigen und viele haben auch den Weg zu Gott wieder gefunden. Ich erinnere mich an einen Patienten, der häufig schimpfte und wetterte, der immer unglücklich und unzufrieden war. Zu ihm habe ich gesagt: »Wenn Sie mit Gott nicht Frieden schließen, dann werden Sie nie mehr zufrieden und das schadet Ihrer Gesundheit.« Abends musste ich ihm stundenlang zuhören, wenn er vom Krieg und seiner Gefangenschaft erzählt hat. Mit der Zeit ist er wieder friedlich geworden. Er hat gebetet, der Pfarrer durfte kommen und er war wieder ein zufriedener Mensch. So konnte ich vielen helfen. Ich habe reiche Ernte, das kann ich sagen.

Fühlen Sie sich manchmal einsam?

Ja, das gibt es. Das gibt es. Aber diese Strecken müssen alle Menschen gehen, mal hoch, mal tief. Mir hat immer wieder das Gebet, der Kontakt zu Gott geholfen. Ganz verlassen war ich nie. Ich habe einfach die lebendige Verbindung dorthin. Es gibt keine Wunder, aber es gibt Kraft und Ruhe.

Was waren glückliche Momente in Ihrem Leben?

Der Tag, als ich Profess gemacht habe, war ein glücklicher Tag für mich. Nach meiner doch recht strapaziösen Noviziatszeit war ich glücklich, nun endlich ein richtiges Mitglied der Gemeinschaft zu sein. Und ich war immer glücklich, wenn ich den Kranken helfen konnte. Das hat mich glücklich gemacht. Mir schreiben heute noch Patienten, die ich vor 20 Jahren gepflegt habe, die todkrank waren, die wir aufgepeppelt haben mit Süppchen und diesem und jenem. Das vergessen die Menschen nicht. Manche wären nicht mehr am Leben. Eine meiner Patientinnen hatte Leukämie, sie war todkrank, keiner hat geglaubt, dass sie durchkommt. Sie hat sehr gelitten. An einem Morgen weinte sie und erzählt mir, dass sie in der Nacht mit dem Tod gerungen habe. Sie sagte dem Tod: »Nein, nein, nein, ich sterbe nicht, Gott hilft mir!« Ich habe ihr zugesprochen. Ich habe ihr gesagt, dass man unverschämt vertrauen darf. Wir haben immer wieder mal zusammen gebetet. Die Frau ist durchgekommen. Sie lebt noch heute und besucht mich manchmal.

Ja, ich hatte ein erfülltes Leben. Ich wüsste nicht, wie es hätte erfüllter sein können.

Gab es auch Momente, wo Sie mit Gott gehadert haben?

Nein, mit Gott habe ich nie gehadert. Wenn es mal ganz schwierig war, habe ich gedacht: Was hat Jesus gelitten? Jesus hat alle Leiden durchlitten. Wir sind in der Nachfolge Jesu – da kann das alles vorkommen. Ohne Leiden geht es nicht, das gehört zum Leben.

Wenn Sie zurückschauen, wie würden Sie Ihr Leben beschreiben?

Es war ein gutes, erfülltes Leben, ein reiches Leben. Ich habe viele reiche Dinge erlebt, mit Kranken, mit Patienten. Bis heute. Große Ernte, wenn ich mal ankomme.

Wenn Sie noch mal von vorne anfangen könnten, was würden Sie anders machen?

Ich würde nichts anders machen. Krankenpflege ist für mich das Höchste. Ich könnte mir nichts anderes vorstellen.

Viele Menschen heutzutage finden keinen Sinn in ihrem Leben. Was glauben Sie ist wichtig für ein erfülltes Leben?

Das ist eine schwere Frage. Sie müssen von innen heraus wissen, was Sie wollen, was Sie tun wollen. Helfen Sie anderen Menschen, geben Sie sich einfach. Das erfüllt einen doch, wenn man für andere Menschen etwas tun kann. Es gibt tausend Möglichkeiten, Freude zu machen. Es gibt so viele Einsame, zu denen keiner geht, die niemand besucht. Das ist so traurig. Wenn die Menschen so wären, wie Jesus uns gelehrt hat, dann wäre die Welt anders. Aber die Menschen denken nicht mehr daran.

Was ist das Wichtigste im Leben?

Erkennen, wo man helfen kann. Und dann helfen.

~

EINE ART MAMA

Schwester Bertina, Jahrgang 1925,
ist seit ihrem 22. Lebensjahr Vinzentinerin.

~

Schwester Bertina, wie kam es zu der Entscheidung, ins Kloster zu gehen?

Ich stamme aus einer katholischen Familie, wie das halt auf dem Dorf so war. Meine Tante, die uns oft besuchte, war Vinzentinerin. Zuerst wollte ich Köchin werden, dann auswandern und dann gab es eben noch diese dritte Möglichkeit. 1943 wurde ich zur Luftwaffe eingezogen und als Funkerin ausgebildet. Man versetzte mich nach Metz zum Luftgaukommando, später nach Neustadt an der Weinstraße und schließlich nach Darmstadt. Bis die Invasion begann, war ich dort eingesetzt. Dann sollten wir verlegt werden. Die ganze Belegschaft wurde auf Lastwagen verladen, wir fuhren Richtung Fulda. Während der Fahrt wurde ich ganz nervös, weil wir uns immer noch weiter von meinem Zuhause entfernten. Von drüben, von Osten kamen die Russen, von Westen die Amerikaner und Engländer. Es war alles sehr beunruhigend und ich wollte nur noch heim. Unterwegs gab es einen Fliegerangriff.

Unser Konvoi suchte Schutz in einem Waldstück gleich neben der Bahnlinie, auf der ein Lazarettzug stand. Der Zug war voller verletzter

Soldaten und ihren Sanitätern und kam – wie ich später erfuhr – aus dem Osten. Wir hielten an und ich erkannte, dass das die Chance sein könnte, mich abzusetzen. Ich kletterte vom Laster herunter und sagte beiläufig: »Ich schau mir mal an, was da drüben los ist«, und schlenderte zu dem Zug.

»Wo fahrt ihr hin?«, fragte ich einen der Sanitäter.

»Wir fahren heim«, sagte er nur.

»Ich will auch heim!«, rief ich.

»Dann komm mit, Mädchen!«

Ich rannte zurück zum Laster, schnappte meine Tasche und verschwand Richtung Zug. Zum Glück waren die anderen durch die anfliegenden Bomber abgelenkt und keiner bemerkte meine Flucht. Genau in dem Moment, als der Zug wieder anfuhr, zogen mich die Männer zum Fenster hinein. Während der Fahrt versteckte ich mich, mal auf der Toilette, mal unter einer der Sitzbänke, wo ich hinter den Stiefeln der Männer kaum zu sehen war. In Nürnberg hielt der Zug, wir mussten aussteigen. Ich hatte keine Entlassungspapiere, keine Fahrkarte, kein Geld. Am Bahnhof gab es natürlich Kontrollen. Ich schob mich durch die Menschenmassen und stand plötzlich vor Emilie, einem Mädchen aus meinem Dorf. Sie war aus dem Arbeitsdienst entlassen worden und wollte auch nach Hause fahren. Mein Gott, war ich erleichtert, sie zu sehen! Wir erfuhren, dass erst am Abend wieder Züge fahren würden, verließen den Bahnhof, liefen durch die Stadt und landeten schließlich im Zoo. Lange saßen wir vor dem Affenkäfig und schauten zu, wie die Tiere herumsprangen. Das war so eine merkwürdige Situation: Alles bricht zusammen und wir schauen den Affen zu.

Als es dunkel wurde, gingen wir zum Bahnhof zurück. Der Bahnsteig war komplett überfüllt mit Menschen, die alle wegwollten. Als schließlich ein Zug einlief, kämpften alle darum, irgendwie in die Waggons zu kommen. Für mich war das ein Glück, denn natürlich konnte in diesem Chaos niemand kontrolliert werden. Emilie und ich wurden beinahe in den Zug hineingeschoben, so kam es mir vor. An viele Einzelheiten erinnere ich mich nicht mehr. Der Hunger und die Strapazen hatten mich vollkommen erschöpft. Emilie nahm alles in die Hand – und ich folgte ihr einfach. Mit dem Zug kamen wir bis Schramberg; von dort nahm uns ein Laster bis Lahr mit und das letzte Stück gingen wir zu Fuß. Mitten in der Nacht kamen wir schließlich zu Hause an. Ich glaube, ich lag eine Woche einfach nur im Bett, habe geschlafen und mich füttern lassen. Was ich erlebt hatte, versuchte ich zu vergessen. Meine Eltern fragten mich immer wieder, aber ich wollte nicht darüber sprechen. Auch jetzt fällt es mir sehr schwer. (Lange Pause.)

Wissen Sie, viele der Soldaten waren nicht fein, sondern vulgär und aufdringlich. Man musste sich wehren. Von daheim war ich solche Reden nicht gewohnt und auch nicht, von Männern angefasst zu werden. Ich bin beschützt aufgewachsen in einem Dorf auf dem Land. Ich hatte meinen Stolz. Schon beim Luftgaukommando gab es üble Offiziere, die keine der Frauen respektiert haben. Leider haben sich viele der Mädchen auf sie eingelassen und sich richtig erniedrigt. Das waren keine Einzelfälle. Mich hat das erschüttert und ich fragte mich, was denn ein Mensch noch für einen Wert hat. Das war schlimm und ich hatte keinen, mit dem ich darüber sprechen konnte. Der Krieg bringt die Abgründe des Menschen ans Licht. Als später herauskam, dass es Konzentrationslager gegeben hat, mochten viele das nicht glauben. Mir aber war bewusst, dass so etwas möglich sein kann, dass der Mensch Unmenschliches, Unvorstellbares tun kann. Ich habe ganz viele Erlebnisse aus meinem Gedächtnis gelöscht, um mich zu schützen. Ganze Monate fehlen in meiner Erinnerung. Durch die Schrecken des Krieges aber hat sich bei mir etwas festgesetzt: »Jetzt weißt du, was du zu tun hast«, dachte ich. »Du bist nicht da, um zu heiraten, sondern für ein anderes Leben bestimmt.« Ich hab mir aber noch zwei Jahre Zeit gelassen, bis ich mir ganz klar war, dass ich Schwester werden wollte. Dann reiste ich nach Freiburg.

Welche Arbeit haben Sie verrichtet?

Während meines zweijährigen Noviziats war ich in einem Waisenhaus in Günterstal tätig. Ich merkte, wie sehr mir die Arbeit mit Kindern gefiel: Kinder verstellen sich nicht, sind einfach so, wie sie sind, voller Vertrauen. Das war so wohltuend. Also habe ich die Ausbildung zur Kindergärtnerin gemacht. In diesem Kinderheim blieb ich 18 Jahre lang. Viele uneheliche Kinder lebten im Haus, Kinder aus Familien, deren Väter im Krieg geblieben waren und in denen die Mutter viel arbeiten musste. Viele Flüchtlingskinder kamen hinzu, und man kann sagen: Unser Heim war belegt bis unter die Dachziegel. Erst betreute ich die Mädchen, später dann die Vorschulkinder im Alter von zwei bis sechs Jahren. Insgesamt waren es 46 Kinder. Zwei Mädchen halfen mir, aber das Arbeitspensum war kaum zu schaffen. Wir mussten alles erledigen. Eine Putzfrau? Gab es natürlich nicht, und nur die Bettwäsche kam in die Wäscherei. Alles andere wuschen wir von Hand. Montagmorgens um vier in der Frühe fingen wir an, mit 40 Paar Strümpfen, dann kamen die Kleidchen dran, Hemden, Hosen. Da war was los (sie lacht).

Die Tage waren mit unglaublich viel Arbeit ausgefüllt. Nur weil wir jung waren, konnten wir das schaffen. Essen war noch knapp, Kleidung ebenfalls. Oft habe ich nachts noch genäht, wenn ich irgendwo alte Kleidung auftreiben konnte.

Manche Kinder kamen aus Familien, in denen sie gequält worden waren. Die Eltern hatten nichts, nichts zu essen, nichts zu heizen, sie mussten viele Kinder versorgen und lebten beengt auf einem Zimmer. Es war schon gut, dass diese Kinder zu uns ins Heim kamen. Allerdings ist es schwer, sich um 46 Kinder zu kümmern, mit all den Arbeiten nebenher. In Erziehungsfragen blieb manches auf der Strecke. Wenn man sich das vorstellt! Und aus diesen Kinder sollte später etwas Ordentliches werden! Wir alle haben unter den Umständen gelitten.

1974 versetzte man mich in einen Kindergarten mit Tagesstätte, in ein sozial schwieriges Viertel von Karlsruhe. Von morgens um halb sieben bis nachmittags waren Kinder in der Einrichtung, es ging sehr beengt zu. Ein richtiges Freigelände, auf dem die Kinder spielen konnten, vermissten wir ebenfalls. Gemeinsam mit zwei Helferinnen betreute ich an den meisten Tagen mehr als 60 Kinder. Es war eine Zeit, die sehr vieles von einem gefordert hat, zwölf Jahre, bis ich erneut versetzt wurde. Schließlich fühlte ich mich dieser Arbeit nicht mehr gewachsen.

Andere Frauen in meinem Alter waren längst Großmütter und haben Kinder nur noch stundenweise betreut. Ich konnte einfach nicht mehr. So kam ich ins Priesterseminar nach St. Peter, in dem ich für Studentenzimmer, die Gästezimmer und die Wohnung des Regens zuständig war. Und für die vielen Fenster in den riesigen Fluren. Die Arbeit war anstrengend, körperlich anstrengend. Aber ich trug nicht mehr die Verantwortung für ein Kind und seine Entwicklung. Das ist etwas anderes. Wenn ich zurückblicke, muss ich sagen: Wir hatten einfach viel zu wenig Zeit für die Kinder. Das war schwierig für mich.

Was haben Sie in Ihrer Freizeit gemacht?
Ich hatte nur wenig Freizeit, in der ich gerne las. Ich verrate Ihnen jetzt mal was: Ich lese gerne Krimis.

Was ist gut daran, in einem Orden zu leben?
Anfangs war es schwierig für mich. In der Luftwaffe musste man auch gehorchen, sonst wäre es einem schlecht ergangen, aber das war eine andere Form von Gehorsam als der Gehorsam im Kloster. Der Gehorsam im Kloster gründet ganz auf Gott. Zwar ist es die Oberin, die etwas von dir verlangt, aber man gehorcht wegen Gott. Auch wenn es einem manchmal etwas gegen den Strich geht, kann man es annehmen und Folge leisten, in dem Glauben, dass es von Gott kommt. In enger Gemeinschaft von so vielen unterschiedlichen Charakteren zu leben, das war gewöhnungsbedürftig und nicht ganz leicht in der ersten Zeit. Jeder hat eine eigene Meinung, jeder möchte etwas anderes – man hat ja sei-

nen Kopf nicht an der Klosterpforte abgegeben. Die Rücksichtnahme auf so viele andere fällt anfangs schwer. Man muss aufpassen, dass man sich nicht ganz zurückzieht. Dass man nicht mehr man selbst ist.

Ein anderes Problem: Man sieht viel Not und möchte helfen, aber man ist in einem ganz bestimmten Gebiet tätig, das man nicht verlassen darf. Manchmal war das auch eine Versuchung. Man denkt, man könnte eine Angelegenheit so oder anders regeln, man denkt, es besser zu wissen – sich in solchen Momenten zurückzunehmen und sich dem Größeren unterzuordnen, fällt schwer. Ich bin heute noch oft ungeduldig, manchmal auch ein bisschen unzufrieden bei manchen Sachen. Auch mit 85 Jahren kann man noch einen Dickkopf haben.

Fühlen Sie sich manchmal einsam?
Das gibt es auch, selbstverständlich. Wenn ich mir so meine Verwandten anschaue, die verheiratet sind und Kinder haben, kommt man schon ins Nachdenken. Andererseits denke ich, dass sich auch Ehepartner nicht bis ins Innerste kennen können, egal, wie lange sie schon zusammenleben. Auch in einer Ehe gibt es Zeiten, in denen sich jeder einsam fühlt und auf sich zurückgeworfen ist. Das ist bei uns auch so. Von außen mag man denken: Ja, diese Nonnen, die haben Gott. Aber Gott haben alle, nicht die Ordensschwestern exklusiv. Solche Zeiten, in denen man einsam ist, gibt es einfach und man muss sie durchstehen. Irgendwo kommt wieder Kraft her, sie durchzustehen. Natürlich trägt einen die Gemeinschaft des Ordens und es ist gut, wenn sich Schwestern gut miteinander verstehen, wenn man sich austauschen kann, reden kann. Im Letzten aber, im Innersten, bist du immer allein. Und das muss ja wohl auch so sein.

Was waren glückliche Momente in Ihrem Leben?
Ich habe viele glückliche Momente erleben dürfen, vor allem mit den Kindern. Wenn man Fortschritte sah in der Entwicklung eines Kindes, wenn man spürte, dass es ihm besser ging, gab einem das wieder Kraft.

Einen solchen Moment gab es einmal an Muttertag im Kinderheim, als wir mit den Kindern Geschenke bastelten. Die Mütter sollten später zu Besuch kommen. Nur ein Bube, ein lieber, der manchmal kränklich war, bekam nie Besuch von seiner Mutter, obwohl sie in der Stadt wohnte. Sie hielt es nicht für nötig. Wir hatten Apfelkerne gesammelt, damit die Kinder für die Mamas schöne Ketten machen können. Diese Kerne wurden dann aufgefädelt. Eine Helferin sagte zu dem Jungen: »Bei dir kommt ja keine Mama. Willst du trotzdem was machen?«

Er antwortete: »Jawohl habe ich eine Mama! Die Schwester Bertina ist meine Mama!«

Ein anderer Junge – das war schrecklich für mich – kam im Gefängnis zur Welt. Aber dies muss ja nicht heißen, dass er schlechte Anlagen hat. Wieso denn? Ich mag solche Vorurteile nicht. Er wuchs dann aber nicht im Heim, sondern in einer Pflegefamilie auf. Ich dachte, dies sei gut so. Später kam er in schlechte Gesellschaft und ich habe erfahren, dass er in Jugendhaft einsaß. Das hat mir sehr leid getan. Leider verbot man mir, nach ihm zu schauen, eine Besuchserlaubnis zu erwirken, damit er wusste, dass jemand an ihn denkt. Dass seine Geschichte unglücklich gelaufen ist, tut mir sehr leid.

Gab es auch Momente, in denen Sie mit Gott gehadert haben?
Ja, es gibt eben solches und solches im Leben.

Wenn Sie zurückschauen, wie würden Sie Ihr Leben beschreiben?
Ich hatte das Glück, immer Geistliche zu kennen, die mir wieder aufhelfen konnten in schwierigen Zeiten. Mit Ausnahme einer Periode wusste ich immer, dass ich mich richtig entschieden hatte. Kam es zu Einbrüchen, fühlte ich mich schlecht, wurde ich doch immer wieder vom Glauben getragen. Wer sich für ein Leben im Kloster entscheidet, weiß ja vorher nicht, was ihm alles begegnen wird. Niemand kann es wissen. Man weiß nur, dass man sich immer sagen muss: Treue ist wichtig.

Wenn Sie noch mal von vorne anfangen könnten, was würden Sie anders machen?
An manchen Stellen würde ich härter handeln, wie zum Beispiel im Falle des Jungen in Jugendhaft. Heutzutage könnte man da sicher mehr erreichen. Es wäre wichtig gewesen, dass man ihm jemanden zur Seite stellt, der ihn hält, dass man ihm eine Chance gibt und so ein Leben auf die richtige Bahn bringt. Damals hat man einer Schwester aber nicht zugetraut, dass sie mit Institutionen von draußen zurechtkommt. Und deshalb hat es ein »Nein« gegeben. Ich würde heute anders handeln.

Viele Menschen finden keinen Sinn. Was ist wichtig für ein erfülltes Leben?
Dass man nicht so egoistisch ist und nur sich sieht. Ich bin ich, das ist klar, aber ich stehe nicht alleine in der Welt. Ich stehe in der Schöpfung, in einer Gemeinschaft. Ich kann zwar nicht die ganze Welt verändern, aber auch im kleinen Kreis kann man ein bisschen tun. Ich habe das versucht. Geben, was man geben kann. Dies ist eine erfüllende Erfahrung und gibt Kraft, weiterzumachen. Die eigenen Kräfte und Fähigkeiten hat man nicht nur für sich bekommen – man muss auch etwas weitergeben.

Was ist das Wichtigste im Leben?
Dass man liebt.

~

PAUSENLOS

Schwester Ruperta, Jahrgang 1928.
Sie ist Ordensschwester seit ihrem 27. Lebensjahr.

~

Schwester Ruperta, wie kam es zu der Entscheidung, ins Kloster zu gehen?
Wir sind in eine schlimme Zeit hineingeboren worden. Ich war bei
Kriegsbeginn zehn Jahre alt. Wir lebten auf einem Bauernhof. Meine
Großmutter war 94 Jahre alt und musste versorgt werden, das habe ich
dann gemacht. Ich hatte immer schon was übrig für kranke Leute. In
der ganzen Verwandtschaft wurde ich »herumgereicht«, wo man mich
halt gebraucht hat. Ich war fast so eine Art Leihpflegerin. Irgendwann
dachte ich, dass ich gerne mal eine Zeit im Krankenhaus arbeiten würde. Ich habe mich bei uns im Hospital beworben, aber die haben niemanden gebraucht.

Eine Vinzentinerin, die ich kannte, wusste, dass sie in der Stadt immer Helferinnen suchten, für die Krankenhäuser des Ordens. Sie ist
mit mir hingefahren und ich konnte mich vorstellen. Ich wurde angenommen und begann als freie Helferin. Ich habe sogar Geld verdient:
98 Mark im Monat! Das fand ich gut. Schließlich musste ich mir dann
aber klarwerden, wie es mit mir weitergehen soll. Ich habe mich entschieden, einzutreten. Ich sagte mir, dass ich es mir jetzt einfach mal

anschaue. Wenn es nichts ist, kann ich ja wieder gehen, dachte ich. Mein Vater war zwar ein sehr frommer Mann, aber er hatte Bedenken. Er füchtete, dass es mir nicht liegen könnte. Leider ist er noch vor meiner Einkleidung gestorben.

Welche Arbeit haben Sie gemacht und wo war das?
Nach meinem Jahr im Mutterhaus bin ich wieder in die Klinik gekommen, ins Refektorium, dem Speisesaal der Schwestern. Damals gab es 120 Schwestern in der Klinik. Aber die Küchenarbeit hat mir nicht so gepasst. Eines Tages kam der Superior vorbei und hat sich dafür eingesetzt, dass ich den Krankenkurs machen konnte. Nach meiner Ausbildung schickte man mich in die Poliklinik, das hat mir gefallen, da war immer etwas los. Am Anfang war es ganz schön viel Arbeit, bis man die Abläufe verstand und wusste, wo man wann anpacken sollte. Kleine Sachen haben wir selbst gemacht, Gipse angelegt, Platzwunden versorgt, solche Dinge. Abends kamen oft Betrunkene, die hingefallen waren.

Aber dann wurde ich krank, etwas mit der Lunge. Danach durfte ich nicht mehr in der Poliklinik arbeiten, so sehr ich mich nach meiner Genesung auch darum bemühte. Ich wurde stattdessen in eine Art Kurklinik versetzt. Anfangs war das gar nicht mein Ding, denn die Arbeit war ganz anders als in der Chirurgie. Aber dann habe ich mir gesagt: Ach, lieber Gott, was soll es. Also blieb ich, 35 Jahre lang, bis zum Ende meiner Tätigkeit als Krankenschwester.

Was haben Sie in Ihrer Freizeit gemacht?
Freizeit gab es eigentlich nicht. Wir sind schon mal im Wald spazieren gegangen. Aber ich brauchte auch nicht viel Freizeit, das war ich auch von zu Hause nicht gewöhnt. Heute lese ich sehr gerne, aber auf dem linken Auge sehe ich fast nichts mehr. Manchmal mache ich mir ein bisschen Sorgen, dass das andere auch versagt. Ansonsten mache ich schon noch was, helfe im Bügelzimmer, mit der Wäsche oder beim Flicken. Rumsitzen ist nicht mein Ding.

Was ist gut daran, in einem Orden zu leben?

In erster Linie ging es mir um die Krankenpflege, aber dann habe ich gedacht: Wenn man älter wird, ist es vielleicht doch besser, einem Orden anzugehören. Meine Familie war streng religiös, mein Cousin sogar Priester. Mein Vater pilgerte nach Lourdes. Wichtig ist, dass man sich in die Gemeinschaft einfügt, aber trotzdem selbstständig bleibt.

Fühlen Sie sich manchmal einsam?

Als Kind habe ich nie mit anderen Kindern gespielt, weil ich mit den Großen zur Arbeit aufs Feld musste. Ich war andere Kinder nicht gewöhnt, aber mir fehlte nie etwas. Das ist bis heute so: Ich weiß mich immer zu beschäftigen, lese, löse Rätsel oder erledige Handarbeiten. Ich habe es gerne ruhig. Mir wird es nicht langweilig.

Was waren glückliche Momente in Ihrem Leben?

Wie soll ich das sagen? Es freut mich, wenn wir einen Grund zum Feiern haben. Früher habe ich mich immer auf die Ferien gefreut, da bin ich nach Hause gefahren, um meine Mutter zu besuchen. In der Klinik haben wir immer gearbeitet, pausenlos, es blieb keine Zeit zum Nachdenken. Im Sonntagsdienst hatten wir manchmal über 100 Patienten zu versorgen. Das freie Personal wollte am Wochenende frei haben. Wir Schwestern haben gearbeitet, ohne Unterbrechung.

Gab es Momente, in denen Sie mit Gott gehadert haben?

Das wäre zu viel gesagt, aber manchmal war ich schon überfordert und ich wusste nicht, ob ich so weitermachen kann. In einem Psalm heißt es: »Wohin könnte ich gehen?« Das habe ich mich schon ab und zu gefragt, aber ich habe begriffen, dass ich vor Gott sowieso nicht weglaufen kann.

Wenn Sie zurückschauen, wie würden Sie Ihr Leben beschreiben?

Ich habe versucht, es richtig zu machen.

Wenn Sie noch mal von vorne anfangen könnten, was würden Sie anders machen?

Ich würde es wieder so machen.

Viele Menschen finden keinen Sinn in ihrem Leben. Was ist wichtig für ein erfülltes Leben?

Ich bedauere, dass die Religion heute nicht mehr so wichtig ist. Bei uns war das anders. Jeden Abend wurde bei uns zu Hause ein Rosenkranz gebetet. Natürlich gab es auch ein Tischgebet. Heute hat der Fernseher das alles verdrängt. Ich will nicht sagen, dass früher alles besser war. Aber manches war gut. Heute geht es nur noch darum, was man verdienen kann. Wenn ich als Kind ein Spielzeug, beispielsweise eine Puppe, im Schaufenster gesehen habe, sagte meine Mutter: »Anschauen darfst du sie, aber kaufen können wir sie nicht.« Wir mussten damit zufrieden sein. Meine Eltern hätten nie etwas gekauft, wenn sie nicht das Geld dafür gehabt hätten. Heute wird gekauft, auch wenn kein Geld da ist. Und dann hängt man in etwas drin. Die Kinder sind zu bedauern. Sie werden andauernd gefragt, was sie wollen, beim Essen, beim Einkaufen, überall. Dabei sollten sie lernen, dass man nicht alles haben kann. Sonst wird doch gar nichts mehr geschätzt.

Was ist das Wichtigste im Leben?

Das Wichtigste ist, dass man sich an den Herrgott hält und nicht von ihm lässt, egal, was passiert. Meine Großmutter hat zu uns gesagt: »Betet, und er wird euch schon nicht im Stich lassen.«

~

ÜBERLEBENS-
CHANCEN

*Schwester Bonaventura, geboren 1933, trat mit 20 Jahren in den
Orden ein. 1991 wurde sie für ihre Arbeit mit dem Bundesverdienst-
kreuz ausgezeichnet.*

∼

Schwester Bonaventura, wie kam es zu der Entscheidung, ins Kloster zu gehen?
Ich stamme von einem Bauernhof im Schwarzwald, aber ich wusste
schon als Kind, dass ich nicht auf dem Bauernhof arbeiten will. Ich
wollte etwas »Richtiges« lernen. Wir waren zehn Kinder, vier Mädchen und sechs Buben. Wir hatten eine gute Mutter, die jeden von uns
gleich gern gehabt und gleich behandelt hat. Als ich fast 18 Jahre alt
war und einmal auf der Weide das Vieh hütete, es war ein warmer Tag
im Sommer, habe ich mir auf einen Zettel geschrieben: »Ich will Krankenschwester werden!« Das war mein Ziel. In unserem Dorf gab es ein
Mädchen, die Ordensschwestern in ihrer Verwandtschaft hatte. Diese
Schwestern lebten in der Stadt. Zu denen konnten wir gehen. Für
mich war das Wichtigste, einen Beruf zu erlernen, und dies ermöglich-
te mir der Orden. Meine Mutter meinte, dass er mir eine Fluchtmög-
lichkeit bot, den Bauernhof zu verlassen. Als es dann so weit war und

ich in den Orden eingetreten bin, hat meine Mutter zu mir gesagt: »Ich glaube, wir hätten dich doch was lernen lassen sollen.« Diese Reue kam zu spät.

Welche Arbeit haben Sie gemacht und wo war das?
Am Anfang arbeitete ich im Krankenhaus, auf der Geburtsstation. Das hat mir viel Spaß gemacht. Ich durfte die Kinder wickeln und füttern. Ja, Kinder waren mir immer wichtig. Viel später habe ich mich manchmal gefragt: »Warum bin ich denn nur ins Kloster gegangen? Ich hätte doch auch gerne Kinder gehabt!« Aber man kann eben nicht alles haben im Leben. Es gab für mich damals nicht die Möglichkeit, Kinderpflegerin zu lernen, und so habe ich mich entschlossen, Krankenschwester zu werden. Die Ausbildung dauerte drei Jahre. Danach wurde mir mitgeteilt, dass die Uniklinik wieder Mädchen aufnimmt. Erst kam ich auf die Station für allgemeine Medizin und nach meinem Examen dann in die Onkologie, diese Abteilung war damals ganz neu. Es war spannend, als die ersten Transplantationen durchgeführt wurden. Ich habe die ganze Entwicklung mitbekommen. Damals lagen die Patienten noch isoliert in Plastikzelten, die Nahrung, die Kleidung, alles wurde sterilisiert. Heute weiß man, dass das gar nicht nötig ist. Für die Patienten war es schlimm, so abgeschirmt zu leben.

Auf dieser Station arbeitete ich fast fünfzig Jahre. Es war sehr spannend mitzuerleben, welche Fortschritte es in der Medizin gegeben hat über die Jahre. Meine Meinung war dann im Laufe der Jahre auch sehr gefragt, am Krankenbett sieht und erkennt man ja auch vieles anders. Ich konnte mich einbringen. Die Ärzte fragten mich oft um Rat, ich reiste sogar mit ihnen in andere Kliniken. Leider sind auch immer wieder Patienten nach Transplantationen gestorben. Sie hätten ohne diesen Eingriff auch nicht mehr lange gelebt. Es war oft schwer. Ohne den Rückhalt von Gott wäre ich verzweifelt.

Ich bin immer wieder gefragt worden, wie ich das aushalten konnte, so viele Jahre von Schwerkranken und Krebspatienten umgeben zu sein. Ich denke, mein Leben ist reicher geworden; es ist kein materieller Reichtum, sondern ein Reichtum, der durch Geben und Nehmen wächst, durch die Begegnung mit Menschen, die durch ihre Krankheit ihr echtes Menschsein offenbaren. Gerade in Zeiten der Not erfährt der Mensch, wie viel Liebe er geben und empfangen kann. Ich bin zutiefst dankbar für alles, was ich erfahren durfte: Liebe und Leid, Hoffnung und Hoffnungslosigkeit und unglaubliche Tapferkeit. Die Mitmenschen um mich herum, die Mitschwestern und besonders die Patienten, mit denen es oft so gute Gespräche gab, haben mir geholfen, meine Arbeit zu tun. Für mich war das mehr als eine Station, es war mein Leben. Aber irgendwann bin ich dann doch gegangen. Irgendwann war es auch für mich genug.

Was haben Sie in Ihrer Freizeit unternommen?
Wir sind jeden Tag um fünf Uhr aufgestanden, dann war Morgengebet, anschließend sind wir zum Essen gegangen und dann direkt auf die Station. Als Leiterin konnte ich nur über Mittag eine kurze Pause machen, das ging nicht anders. Auch nachts war es so. Mein Zimmer lag in einem anderen Gebäude, aber ich sah von meinem Fenster aus direkt hinüber in die Station. Wenn nachts in einem Zimmer plötzlich Licht brannte, dann bin ich hinübergeeilt, um zu schauen, was los war. Früher war allen klar: Die Ordensschwestern sind immer da. Aber für das freie Personal, von dem es im Laufe der Zeit immer mehr Schwestern gab, war es wichtig, auch mal die ganze Verantwortung für die Station zu übernehmen und dort alleine zu sein. Deshalb haben wir Ordensschwestern später dann auch mal frei bekommen.

Was ist gut daran, in einem Orden zu leben?
Mir hat der Eintritt in den Orden die Möglichkeit geboten, etwas zu lernen und diese besondere Aufgabe zu übernehmen. Immer wieder haben Leute zu mir gesagt: »Ja, Sie können das durchstehen, weil Sie Ordensschwester sind.« Ich sehe es jedoch umgekehrt, ich glaube, dass

mein Beruf und meine Patienten mir geholfen haben, das Ordensleben zu leben. Ich war voll und ganz Krankenschwester und manchmal hatte ich ein schlechtes Gewissen, weil das Ordensleben zu kurz kam. Ich hätte oft die Möglichkeit gehabt, zu gehen. Viele Ärzte wollten mich mitnehmen, wenn sie ein anderes Haus übernahmen. Doch dies hätte bedeutet, den Orden verlassen zu müssen. Kam für mich nicht in Frage. Der Orden war mein Rückhalt.

Fühlen Sie sich manchmal einsam?
Jetzt nicht mehr, aber früher schon. Als ich noch auf Station war, hat sich einer der Ärzte das Leben genommen. Das war so ein netter, ein sehr guter Arzt. Es war schlimm, ich konnte es nicht aushalten. Am Nachmittag bin ich nach Hause gefahren, weil ich einfach mal rausmusste. In solchen Momenten kann einem keiner helfen. Es gab einige, die sich umgebracht haben, auch Patienten. Wir hatten zwar einen Psychiater auf unserer Station, aber der war oft machtlos.

Was waren glückliche Momente in Ihrem Leben?
Einige Patienten, die totgesagt waren, weil niemand glaubte, dass sie eine Überlebenchance hatten, erholten sich. Das war besonders schön.

Gab es Momente, in denen Sie mit Gott gehadert haben?
Schlimm war es für mich immer dann, wenn uns Angehörige eines verstorbenen Patienten Vorwürfe gemacht haben. Einmal kam ein junger Mann mit Leukämie auf unsere Station, der innerhalb weniger Tage verstarb. Seine Frau hat getobt und geschrien, wir hätten ihren Mann umgebracht. In solchen Augenblicken fühlte man sich einfach hilflos. Fast zehn Jahre später kam sie wieder und hat sich bei mir für ihr Verhalten entschuldigt. Wir haben schlimme Sachen erlebt, aber auch sehr erfreuliche. Ich habe viele Briefe von Patienten bekommen, Zeilen voller Dankbarkeit. Manche hängen sehr an mir und besuchen mich – als ob es meine eigenen Kinder wären.

Wenn Sie zurückschauen, wie würden Sie Ihr Leben beschreiben?

Es war ein erfülltes Leben. Und auch jetzt will ich mein Leben so wei-
terleben. Irgendwann werde ich sterben. Ich fühle mich oft auch nicht
gut. So gerne würde ich noch mal nach Hause fahren, aber zurzeit
schaffe ich das nicht.

Wenn Sie noch mal von vorne anfangen könnten, was würden Sie anders machen?

Ich würde nichts anders machen, denn ich habe so viel Schönes erlebt.
Ich möchte nichts missen. Auch im Traurigen kann so viel Schönes liegen. Die gemeinsame Zeit mit den Angehörigen, wenn ein Mensch
stirbt, diese Zeit ist etwas ganz Besonderes, denn es geht nur noch um
diesen Menschen, alles andere wird bedeutungslos. Wenn man sich auf
dieses Erleben einlässt, verliert Sterben das Angstmachende und hilft
einem, echte Begleitung geben zu können. Man wird selbst zum Be-
schenkten, indem man erfährt, dass Sterben nicht Tod, sondern Aufer-
stehung zu einem neuen Leben bedeutet. Das Wichtigste ist, einfach
nur da zu sein für diejenigen, die den Sterbenden geliebt haben.

**Viele Menschen finden keinen Sinn in ihrem Leben. Was ist wichtig für ein erfülltes
Leben?**

Die Menschen müssen sich ihren Lebenssinn schaffen, auch wenn es
nicht immer leicht fällt. Sie selbst müssen ihn schaffen. Kaufen kann
man ihn nicht.

Was ist das Wichtigste im Leben?

Zufriedenheit. Man muss nicht immer etwas anderes haben wollen.
Man sollte versuchen, innerlich zufrieden zu sein und das Schöne, aber
auch das Traurige annehmen können. Sich freuen können, das ist
wichtig, und auch das Gute sehen. In den Dingen und auch in den
Menschen.

∼

*Setzt eure Ehre darein,
dass ihr ein stilles
Leben führt und das
Eure schafft.*

(1 Thes 4,11)

DER VEREHRER

*Schwester Cantia, geboren 1925.
Sie ist Ordensschwester seit ihrem 21. Lebensjahr.*

~

Schwester Cantia, wie kam es zu der Entscheidung, ins Kloster zu gehen?
In unserem Dorf lebten Ordensschwestern, die wir »weiße Schwestern«
nannten, und sie haben mir gefallen, ihre Art, ihre Erscheinung. Ich
bin ein uneheliches Kind und hatte nur meine Großmutter. Meine
Mutter starb, als ich ein Jahr alt war. Meine Großmutter war streng,
aber gut und wir standen uns nah. Nach der Schule absolvierte ich
mein Pflichtjahr in einer Familie mit vier Kindern. Das hat man als
Mädchen nach der Schule üblicherweise gemacht, damit man lernt,
einen Haushalt zu führen, zu kochen und mit Kindern umzugehen, als
Vorbereitung für die Ehe. Als das Jahr vorbei war, fragte mich die
Familie, ob ich länger bleiben wolle. So wurden acht Jahre daraus.
Mehr und mehr wurde ich ein richtiges Familienmitglied.

Einige Verehrer gab es, die mich heiraten wollten, aber ich wusste
nicht so genau, ob ich das auch wollte. Ich muss aber sagen: Einer hat
mir gefallen, der Andreas, ein Schulkamerad. Seine Familie hatte eine
Landwirtschaft ganz in unserer Nachbarschaft. Die Familie, bei der ich
arbeitete, besaß auf diesem Hof ein Mastschwein. Jeden Tag brachte ich
dem Schwein unsere Küchenreste vorbei und traf Andreas. Er sagte oft,

dass er mich heiraten wollte, und auch seine Mutter mochte mich. Aber dann wurde er eingezogen und kam an die Front. Die ersten Jahre haben wir uns oft Briefe geschrieben, schöne Briefe, bis plötzlich keine mehr kamen. Ich erfuhr, dass er in Gefangenschaft lebte, aber keiner wusste, ob und wann er zurückkommen würde. Ich musste mich entscheiden: Andreas oder der Orden? Ich entschied mich für das Kloster. Zunächst überlegte ich, in einen geschlossenen Orden einzutreten, wie die Karmelitinnen, aber dann war mir der Gedanke, so eingeschlossen zu sein, doch unheimlich. Meine Freunde haben mich ohnehin nicht verstanden. Ich war eine von ihnen, war immer überall dabei, habe Theater gespielt und alles.

Später wurde mir erzählt, dass der Andreas an Weihnachten kurz nach meinem Eintritt wieder nach Hause gekommen war. Die Freude in der Familie sei groß gewesen. Nachdem er seine Mutter und die Geschwister begrüßte, hätte er gesagt: »Ich muss jetzt los zu Hildegard!« Als er die Nachricht von meinem Klostereintritt erhielt, soll er sehr traurig gewesen sein.

Welche Arbeit haben Sie gemacht und wo war das?
Nach Postulat und Noviziat wurde man ja in die Welt geschickt und ich hoffte, dass sie mich nicht in eine Küche stecken. Das mag ich nicht so. Eigentlich wollte ich Krankenschwester werden, aber weil ich vorher so lange in der Familie war und Erfahrung mit Kindern besaß, bildete man mich als Kindergärtnerin aus. Bis ich sechzig war, arbeitete ich in einem Kindergarten.

Was haben Sie in Ihrer Freizeit gemacht?
Ich bin Rad gefahren und habe im Chor gesungen.

Was ist gut daran, in einem Orden zu leben?
Ich finde, man sollte entweder in einer Gemeinschaft leben oder heiraten. Alleine leben – das finde ich nicht so gut.

Fühlen Sie sich manchmal einsam?
Das kommt vor.

Was waren glückliche Momente in Ihrem Leben?
Wenn wir Mädchen vom Dorf zusammen Zeit verbrachten, zum Beispiel am Sonntagnachmittag. Da haben wir oft etwas zusammen unternommen, haben den Jungs im Dorf beim Kicken zugeschaut oder eine Radtour gemacht. Auch jetzt genieße ich die Gesellschaft meiner Mitschwestern bei gemeinsamen Unternehmungen oder Festen.

Gab es auch Momente, in denen Sie mit Gott gehadert haben?
Solche Momente wird es immer geben, in jedem Beruf zweifelt man manchmal. Aber richtig schlimm war es nie. Obwohl: Einmal habe ich gezweifelt. Als ich Andreas, meinen Freund, wiedersah. Na ja, Freund ist zu viel gesagt, wir hatten immer nur am Gartenzaun gesprochen. Er wohnte nicht weit von mir. Auf einem Klassentreffen, ein halbes Jahrhundert später, habe ich ihn wiedergesehen. Ich dachte: »Du hättest ja auch mit ihm sein können.« Aber das war nur ein kurzer Moment. Er war längst mit einer anderen verheiratet.

Wenn Sie zurückschauen, wie würden Sie Ihr Leben beschreiben?
Ich habe vorher gewusst, dass man in einem Orden gehorchen muss. Und so ist das eben. Es war meine Entscheidung. Es gibt Momente, in denen man sich etwas anderes wünscht. Das ist normal. Aber Ehrlichkeit und Gehorsam sind wichtig.

Wenn Sie noch mal von vorne anfangen könnten, was würden Sie anders machen?
Ich würde den Weg wieder gehen. Es war gut auch für mein Seelenleben.

Viele Menschen finden keinen Sinn in ihrem Leben. Was ist wichtig für ein erfülltes Leben?

Man muss in sich gehen und sich selber finden. Ehrlichkeit ist das Wichtigste. Und es kommt auf die Erziehung an: Zu viel Freiheit tut nicht gut.

Was ist das Wichtigste im Leben?

Sich selbst im Griff haben. Und wissen, was man tut.

∼

DER HIMMEL ÜBER INDIEN

Schwester Tarsilla, geboren 1936. Sie trat 1957 in den Orden ein.

~

Schwester Tarsilla, wie kam es zu der Entscheidung, ins Kloster zu gehen?
Schon mit zehn Jahren, bei der Erstkommunion, habe ich entschieden, mich ganz Gott zu schenken. Ein sehr frommer Priester aus Schlesien bereitete uns intensiv auf die Kommunion vor – und ich habe das Geheimnis sehr tief in mich einfließen lassen. Das hat auch meine Mutter gemerkt. Wir lebten auf einem Bauernhof mit vielen Kindern. Die ersten drei wurden zum Studieren geschickt, aber ich wollte nicht studieren, ich wollte arbeiten. Für unsere Familie war das finanziell auch wichtig.

Mit 14 kam ich in einen Fabrikantenhaushalt und verdiente 30 Mark im Monat. Zeit zum Ausruhen blieb nie: Wenn es bei den Pflichten im Haushalt mal ein bisschen Luft gab, wurde ich zum Aushelfen in die Fabrik geschickt. In der großen Näherei, in der Frauen jeden Alters beschäftigt waren, ging es, nennen wir es: robust zu. Derbe Witze und zweideutige Anspielungen waren an der Tagesordnung, was für mich als so junges Mädchen ziemlich erschreckend war. Mein Vater hatte mir schon vorgeschlagen, nach meinem Haushaltsjahr in der Näherei zu arbeiten, weil der Verdienst einfach viel besser war, doch nach diesen Erfahrungen wusste ich ganz genau, dass ich es dort nicht aushalten würde. Ich hatte Angst, verdorben zu werden. Deshalb habe ich meinem Vater klipp und klar gesagt: »In die Fabrik gehe ich nicht!«

Meine Mutter hat das respektiert. Also blieb ich als Mädchen im Haushalt der Fabrikantenfamilie. Bald zogen wir um die Stadt, in ein neues, großes Haus, das so viel Arbeit bedeutete. Ich musste nicht mehr in der Fabrik aushelfen, bekam nun 40 Mark im Monat und bezog ein kleines Zimmer unter dem Dach. Freizeit hatte ich kaum, außerdem war meine Chefin furchtbar geizig. Wenn es ans Kochen ging, legte sie mir abgezählte Kartoffeln hin, so wenige, dass davon nicht alle satt werden würden. Der Haushalt bestand aus den Eltern, ihrem Sohn, einem Neffen und mir. Allein die beiden Jungs hatten immer einen Riesenhunger, sodass ich mich beim Essen zurückhielt, damit wenigstens die beiden satt wurden. Zum Glück durfte ich jedes zweite Wochenende nach Hause fahren, wo mir meine Mutter erst mal zu essen gab. Sie gab mir auch ein bisschen Wurst und Speck mit, die ich dann in meinem Zimmer aufbewahrte. Den Schäferhund, er hieß »Hasso«, durfte ich in Eigenverantwortung füttern. Er bekam täglich eine Schüssel Milch mit Weißbrotstücken darin. Von dem Weißbrot konnte ich mir immer ein paar Brocken stibitzen, das merkte keiner und »Hasso« hatte immer noch genug.

Schon damals war mir klar, dass meine Chefin mich ausnutzte und mir eigentlich keinerlei Freizeit zugestand. Nach zwölf Stunden Arbeit sollte ich am Abend noch Socken für ihren Sohn stricken. Ihr Mann hat ab und zu versucht, Partei für mich zu ergreifen: »Jetzt lass doch der Käthe auch mal ein bisschen Freizeit.« Aber genutzt hat das nicht viel. »Ach, die macht das doch gerne«, sagte meine Chefin. Beschwert habe ich mich nie. Offensichtlich war mir schon damals Gehorsam wichtig und der Wunsch in mir, alles gut zu machen. Irgendwann stellte sich aber die Frage, wie es mit mir weitergehen sollte. Ich sehnte mich nach religiöser Geborgenheit, das sagte ich auch meinen Eltern. Nach drei Jahren kündigte ich meine Stellung und verließ die Familie.

Im städtischen Krankenhaus gab es einen Landarzt, der die Patienten in allen kleinen Ortschaften betreute und sehr bekannt war. Zwar musste er vorher nie in unser Haus kommen, weil wir alle immer gesund waren, aber bei einem Radunfall brach ich mir die Hand. So lernte ich ihn kennen. Er erzählte, dass er ein Stationsmädchen als Helferin im Krankenhaus suchte. Ich blieb dort bis zu meinem Eintritt in den Orden. Der Arzt hat mich sogar ins Kloster gefahren. Während der Zeit im Krankenhaus habe ich mich in der Jugendarbeit der Gemeinde engagiert, ich war immer ein froher und heiterer Mensch. Zunächst aber habe ich mich mehr für die Mission interessiert, Vorträge gehört und mich informiert. Eines Tages fragte mich der Pfarrer während der Beichte, was ich im Leben machen möchte. Inzwischen war ich neunzehn Jahre alt. Ich erzählte ihm von meinem Wunsch, mich Gott zu schenken. »Halten Sie diese Flamme aufrecht«, sagte der Priester. Ein Jahr später trat ich ins Kloster ein. Meine Mutter hat sich sehr über meinen Entschluss gefreut und erzählte mir, dass sie selbst als junges Mädchen auch gerne ins Kloster gegangen wäre. Weil ihre Eltern gestorben waren, musste sie sich um die kleinen Brüder kümmern.

Welche Arbeit haben Sie gemacht und wo war das?
Nach dem Postulat kommt die Einkleidung, dann ist man Novizin. Ein Jahr blieb ich im Mutterhaus, lernte beten und arbeiten. Dann bekam ich eine Stelle in der Apotheke nahe des Mutterhauses. In dieser Phase ging es darum, trotz einer Arbeit außerhalb des Klosters am Klosterleben teilzunehmen. Man muss seinen Arbeitgeber darum bitten, ins Kloster gehen zu dürfen zum Gebet, zum Essen, zum Unterricht. Das war unsere Gehorsamkeitsaufgabe, den Mut aufzubringen und zu sagen, dass man jetzt gehen muss. Im zweiten Noviziatsjahr gehörte man bereits zur Klostergemeinschaft. Wir aßen zusammen im

großen Speisesaal von einfachem Blechgeschirr und schliefen in großen Schlafsälen. Mir fiel das nicht schwer, weil wir zu Hause während der Kriegsjahre auch nichts anderes hatten. Wir lernten alles über Hausarbeit, kamen ins Nähzimmer, in die Küche, mussten putzen.

Im praktischen Noviziat schickte man mich in die Uniklinik. Ich wurde gefragt, ob ich mir vorstellen könnte, Krankenschwester zu werden. Mir hat die Arbeit mit Kranken immer schon Spaß gemacht, weshalb ich dazu sehr gerne bereit war. Ich blieb vierzehn Jahre, leitete auch einige Stationen. Bis der Missionsauftrag kam. Schon seit einiger Zeit lebten Mädchen aus Indien im Kloster, die in den Orden eingetreten waren und als Krankenschwestern ausgebildet wurden. In der Ordensgemeinschaft lebten 38 indische Schwestern. Europäische Missionare baten darum, diese gut ausgebildeten Schwestern zurück nach Indien holen zu dürfen. Als ich davon hörte, spürte ich plötzlich wieder einen starken Missionsauftrag in mir, wie in der Anfangszeit, als ich ins Kloster eingetreten war. Als die Oberin erzählte, dass es für zwei unserer Schwestern die Möglichkeit gäbe, sie zu begleiten und mit ihnen eine Mission aufzubauen, habe ich sofort mein Interesse bekundet. Ich weiß es noch ganz genau, ich bin ganz rot geworden vor Aufregung. Neben mir gab es neun Interessentinnen. Nach Monaten bekam ich einen Brief, dass ich ausgewählt worden war.

Ein Jahr lang wurden wir vorbereitet, vor allem sprachlich, denn ich konnte kein Wort Englisch. Das Mutterhaus schickte uns in eine Ordensgemeinschaft von Paulusschwestern nach England, um die neue Sprache zu lernen. Das war aufregend für mich – das erste Mal reiste ich ins Ausland. Zuerst fuhren wir mit dem Schiff über den Ärmelkanal und dann mit dem Bus bis Teddington, einem Vorort von London, wo sich der Konvent befand. Sie haben uns herzlich empfangen, aber für mich war es sehr anstrengend, nur Englisch zu hören und reden zu müssen. Die Schwestern waren als Lehrerinnen tätig in einer Schule, aber die Oberin war bereits pensioniert und widmete sich nun ganz unserem Unterricht. Jeden Tag, mehrere Stunden lang. Sister Coleman erkannte bald, dass mir das Lernen nicht leichtfiel. Sie sagte: »Du bist ein Mädchen vom Lande, du hast Schaffenskraft und bist eine sehr gute ›Nurse‹, du kannst nicht nur mit dem Kopf arbeiten.« Deshalb wies sie mir noch andere Aufgaben zu, wie Gartenarbeit oder Arbeiten im Haushalt. Das war gut, denn so konnte sich das Gelernte bei mir gedanklich setzen.

Anfangs nahmen wir nur Mahlzeiten gemeinsam ein, denn beten mussten wir aus sprachlichen Gründen alleine. Alle wurden angewiesen, uns Fragen zu stellen, damit unser Englisch geübt wurde. Eines Tages half ich beim Tischdecken und sollte aufzählen, wie das Besteck das ich auflegte, auf Englisch heißt. Ich begann also mit »fork« (Gabel), »knife« (Messer) und schließlich »spoon« (Löffel). Leider gab es aber diverse Arten Löffel, deren Bezeichnung ich nicht wusste, so lange ich auch überlegte. Schließlich entfuhr es mir: »So viele Spoons gibt es bei uns nicht in Deutschland!« Ja, vieles war anders in England, auch das Essen. Das ist nicht so kräftig wie in Deutschland, weil die ja vieles im Wasserdampf garen, ohne Fett und Gewürze. Im Kurs hatten wir außerdem gelernt, dass man angeblich niemals alles aufisst in England. Immer soll ein Anstandsrest übrig bleiben. Deshalb trauten wir uns nicht, die Schüsseln zu leeren, obwohl wir noch Hunger hatten. Mit dem Taschengeld, das wir vom Mutterhaus mitbekommen hatten, besorgten wir uns heimlich Obst in der Stadt. Bei unserer Rückkehr erwischte uns die Oberin, als wir mit zwei vollen Obsttüten durchs Treppenhaus kamen. »Schwestern, wo kommt ihr her?«, fragte sie scharf. Wir gestanden, dass wir uns Obst als Zwischenmahlzeit besorgt hatten. Sofort wollte sie wissen, ob wir denn nicht satt werden? Wir mussten es zugeben und erklärten auch unser Dilemma mit dem Anstandrest. Die Oberin war irritiert und erlaubte uns fortan, alle Schüsseln leerzuessen.

Nach fünf Monaten kehrten wir nach Deutschland zurück. Nun begann die eigentliche Vorbereitung. Wir absolvierten einen Kurs in Entwicklungshilfe bei der Caritas und eine Fortbildung über Tropenmedizin, um Krankheiten behandeln zu können. Den Führerschein musste ich außerdem noch machen. Zwischendurch arbeitete ich noch in verschiedenen Krankenhäusern als Aushilfe. Dann flogen wir für sechs Wochen nach Indien, um Kontakte zu knüpfen und uns zu informieren. Fliegen war für mich ein wunderschönes Erlebnis, hoch über den Wolken sein – eine große Freude. Wenn wir direkt nach der Ankunft nicht sofort abgeholt worden und nicht immer in Begleitung gewesen wären – wir hätten uns verloren gefühlt. So viel Armut, Bettler, Menschen, die am Boden lagen, das zu sehen und nicht helfen zu können, daran musste man sich erst mal gewöhnen.

Wir besichtigten verschiedene Missionen und führten Gespräche mit den Patres, um zu recherchieren, an welchem Standort unser Einsatz sinnvoll wäre und um von ihren Erfahrungen zu lernen. Wir machten Notizen und viele Fotos. Unsere indischen Schwestern kamen aus Kerala, einer fruchtbaren Region, in der es bereits eine gute Entwicklungsstruktur gab. Man riet uns: »Fangt bitte dort nicht an. Man begegnet nur Ordensleuten und fühlt sich wie in Rom.« Also reisten wir nach Mittel- und Nordindien, wo wir totaler Armut begegneten. Wir trafen Patres, die dort bereits begonnen hatten, kleine Missionen aufzubauen. In Andhra Pradesh, einem Staat im mittleren Indien, der sehr arm war, besuchten wir Steyler Missionare, die an zwei Standorten schon kleine Schulen gebaut hatten. In einer Mission ganz im Norden sahen wir große Not, Dürre und erlebten Temperaturen von bis zu 50 Grad. Alle diese Informationen und Eindrücke brachten wir mit heim ins Freiburger Mutterhaus. Die indischen Schwestern waren schockiert von unseren Fotos, die dokumentierten, welche Armut es in ihrem Land gab. Davon hatten sie nichts gewusst. Nach ein paar Monaten hatte sich die Ordensleitung für die Zusammenarbeit mit den beiden Steyler Missionaren in Andhra Pradesh entschieden. Gleichzeitig wurde beschlossen, in Kerala außerdem ein Mutterhaus zu errichten.

Wir beantragten ein Touristenvisum und kehrten mit zwei indischen Schwestern nach Andhra Pradesh zurück, zwei Schwestern kamen später aus Bombay dazu. Der Missionar hatte bereits eine einfache Hütte gebaut, in der wir einen Raum bezogen; auch eine Wasserpumpe war in Betrieb. Wir kauften einen Jeep und stellten einen Fahrer und eine Köchin ein, denn es war wichtig, den Leuten vor Ort Arbeit zu geben. Einige Buben waren für das Wasserpumpen zuständig und bekamen dafür Lohn. Rasch sprach sich unsere Ankunft herum; die Leute schauten vorbei, um uns kennen zu lernen. Geplant war es, als Erstes ein Schwesternhaus und eine kleine Ambulanz zu bauen. Der Patre unterstützte uns mit ganzer Kraft, er war sehr geschickt. Maurer, andere Handwerker und viele Helfer bekamen Jobs von uns. Ich übernahm die Bauaufsicht, was mir wegen meiner Erfahrung in der Landwirtschaft nicht schwerfiel. Auf unserem Hof wurde auch immer etwas gebaut.

Der Patre bestellte das Material und organisierte die Anlieferung. Wegen der drückenden Hitze konnten wir aber nur vier Stunden täglich arbeiten. Zwar trugen wir leichte Ordenskleidung und immer ein Handtuch auf dem Kopf, aber über die Mittagszeit mussten wir unterbrechen. Man wurde schnell müde und musste öfters Pausen einlegen. Es war anstrengend, aber mir hat die Arbeit sehr gut gefallen – und Gott sei Dank wurde ich nicht krank. Der Patre begann damit, einen großen Brunnen zu graben. Das war ganz wichtig, denn sollte die Mission wachsen, musste ausreichend Wasser vorhanden sein. Es wurde sehr tief gebohrt, um eine starke Ader zu finden. Zunächst zogen wir das Wasser mit Eimer und Seilwinde hoch, später kam ein Motor zum Einsatz. Natürlich musste das Wasser abgekocht werden, das brachten wir auch der Bevölkerung bei. Einmal in der Woche fuhren wir nach Ongole auf den Markt, kauften Gemüse und Obst. Reis und Salz hatten wir immer vorrätig. Wir kochten im Freien, über offenem Feuer.

Nach einem halben Jahr mussten wir deutschen Schwestern wieder ausreisen, um ein neues Visum zu beantragen. Ich half in verschiedenen Kliniken aus, während ich darauf wartete. Endlich wurde es genehmigt, allerdings nur mir, weil ich Krankenschwester war und die indische Regierung Krankenschwestern Aufenthalt gewährte. Ich reiste zurück nach Indien, diesmal für drei Jahre. In dieser Zeit haben wir die Mission aufgebaut, die heute eigenständig ist: ein Krankenhaus, ein Schwesternhaus und eine Unterkunft für Ärzte. Später bekamen wir sogar Strom aus einer benachbarten Baumwollfabrik. Obwohl die medizinische Ausstattung mit dem Schiff aus Deutschland kam, mussten wir oft improvisieren. Es war eine erfüllende Zeit für mich. Ich hätte mein ganzes Leben bleiben wollen, es war hart, es war schwer – so ist nun mal Mission – aber man lebt. Man kann mit einem Lächeln und kleinen Gesten so einfach Freude schenken!

Wir kümmerten uns um Menschen, die unsere Hilfe brauchten, lasen sie auf der Straße auf und behandelten sie. Immer mehr Bedürftige kamen zu uns. Wir sind aber auch in die Hütten gegangen und konnten unser Einzugsgebiet dank eines Ambulanzwagens erweitern.Viele Arme waren scheu und wollten nicht ins Buschhospital kommen, weil wir Fremde waren. Selbst die Schwestern aus Kerala betrachtete man als Fremde, wegen ihrer Bildung. Aber unsere Besuche, unsere Hilfe schätzte man sehr. Ich werde nie vergessen, wie mich die Leute angelächelt haben. Man konnte so viel helfen

Nach drei Jahren musste ich in Heimaturlaub, das war so vorgesehen, weil man dann doch ganz schön verbraucht war. Ich wollte am liebsten sofort zurück. Im Mutterhaus aber vertrat man die Ansicht, dass es nun auch alleine laufen könne in Indien; es sei vieles aufgebaut worden, der Patre sei ja auch noch da. Sie bräuchten ihre Schwestern nun wieder in Deutschland. Ich war sehr traurig. Für mich war Indien meine Heimat, dort gehörte ich hin. Indien hat mich geprägt.

Nach einer Erholungszeit schickte man mich in eine Sozialstation. Rasch bemerkte ich, dass es auch in Deutschland viele Missstände gibt. Viele Menschen auf den Aussiedlerhöfen in meinem Einzugsgebiet lebten sehr verwahrlost. Manche waren nicht einmal krankenversichert. Sie begegneten uns misstrauisch, hatten Angst, dass wir Geld für unsere Behandlung verlangen würden. In manchen abgelegenen Höfen war der Aberglaube noch sehr stark, die Leute glaubten an den bösen Blick, und wenn ein Tier krank wurde, dann dachten sie tatsächlich, es sei verhext worden. Es gab also auch hier noch Missionsarbeit zu leisten. Bald begeisterte ich mich für diese Aufgabe, in der ich sowohl medizinisch als auch seelisch helfen konnte. Mein Heimweh nach Indien ließ ein wenig nach.

Was haben Sie in Ihrer Freizeit gemacht?

Freizeit habe ich erst seit zehn Jahren. Früher hatte man vielleicht mal eine Freistunde, in der man sich kurz hingelegt hat oder einen Rosenkranz beten konnte, dafür muss auch noch Zeit sein, ora et labora.

Was ist gut daran, in einem Orden zu leben?

Wenn man mal ein Tief hat, kann man sich austauschen oder sieht am Beispiel der anderen, dass es weitergeht. Wenn man älter wird, fragt man sich oft, ob man es richtig macht: »Lebe ich richtig? Bete ich richtig?« Früher hat man froh und heiter alles gemacht und war sich Gottes Gegenwart sicher. Heute zweifelt man häufiger. Aber die tägliche Eucharistiefeier gibt einem wieder Kraft und macht einem Gottes Gegenwart bewusst. Spürbar wird das natürlich auch im Dienst am Nächsten. Hier pflegen wir Schwestern ja Schwestern. Die Schwestern, um die ich mich kümmere, haben ihr Dienstleben hinter sich und ringen jetzt mit Gebrechlichkeit, mit Alter, mit Krankheiten. Aber mit ihnen kann ich offen sprechen, über Glaube und Gebet, über das, was mich oft beschäftigt. Das war draußen oft anders. Dort ging es oft um Geld und Besitz.

Fühlen Sie sich manchmal einsam?

Ja, wenn man nicht verstanden wird. Man isst zusammen, man betet zusammen, aber die Meinungen gehen trotzdem bisweilen auseinander. Manchmal fühlt man sich von jemandem nicht angenommen. Aber Gott ist da, er mag dich immer. Du musst schauen, dass in deinem Herzen immer Platz für ihn ist.

Was waren glückliche Momente in Ihrem Leben?

Mein Tag der Ewigen Profess. Das ist eine Erneuerung der Gelübde nach sechs Jahren im Orden. Danach fühlte ich mich so stark, war wieder so froh. »In Gott bin ich stark.« Diese Gefühle konnte ich immer wieder hervorholen. In Indien hatte ich oft sehr tiefe Erfahrungen im Gebet. Ich habe gemerkt, dass man in Indien besser beten kann, dass der Himmel dort näher ist als bei uns. Ich erinnere mich, als ich in der Kapelle gebetet habe und ich plötzlich gespürt habe, dass ich ganz nahe bei Gott bin, ganz nahe. Das ist ein unbeschreibliches Glücksgefühl! Ich wünschte, ich hätte das öfters.

Gab es auch Momente, in denen Sie mit Gott gehadert haben?

Gehadert habe ich nicht, aber ich war manchmal sehr traurig. Wenn ich zu den Menschen gehe, wenn ich etwas helfen kann, wird es besser. Wenn man für sich alleine kämpft, dann bleibt es traurig. Unser Denken, Reden, Handeln und Tun geschieht durch Gottes Geist. Wenn wir uns das bewusst machen, dann geschieht das Gute.

Wenn Sie zurückschauen, wie würden Sie Ihr Leben beschreiben?

Mein Leben war geprägt vom Glauben, der von meiner guten, religiösen Mutter kam. Sie hat immer sehr viel gearbeitet und sich doch immer Zeit für den Gottesdienst genommen. »Zuerst kommt der Herrgott«, sagte sie immer. »Sich selbst vergessen und für andere da sein«, das ist mein Lebensmotto, mein Missionsauftrag.

Wenn Sie noch mal von vorne anfangen könnten, was würden Sie anders machen?

Ich würde sicher wieder Ordensschwester werden, aber ich würde mir mehr Zeit für Beschaulichkeit nehmen. Das schaffe ich heute noch nicht, weil der Dienst am Menschen immer gefragt ist. Es wäre für mich ein Ziel, dafür mehr Raum zu schaffen.

Viele Menschen finden keinen Sinn in ihrem Leben. Was ist wichtig für ein erfülltes Leben?

Wenn man sich fragt, wo man herkommt und wo man hinwill, ist die Antwort klar: Ich komme von Gott und ich will zu Gott. Wenn ich Gott in mein Leben, in meinen Alltag hineinnehme und sehe, dass Gott in jedem Menschen ist, dann wäre das ein Weg, besser miteinander umzugehen. Wenn ich das immer kann, auch wenn mir mal einer nicht passt oder mir in die Quere kommt, wenn ich in diesen Momenten sagen kann: »Gott ist auch in ihm«, dann ist das ein Weg. Aber dieser Weg ist nie zu Ende und man muss um Hilfe bitten, daran arbeiten, damit ringen. Der Sinn des Lebens ist, auf andere zuzugehen und das Positive in ihnen zu sehen. Ohne Gott sehe ich keinen Sinn im Leben. Viele sagen, dass sie nicht an Gott glauben, aber wenn sie sich an der Natur oder Schöpfung erfreuen, dann ist das ja auch Gott. Sie haben es in sich drin und spüren es.

Was ist das Wichtigste im Leben?

Gott hinein ins Leben nehmen und für die Menschen da sein. Gott und den Menschen dienen. Das kann jeder in seinem Beruf, dafür braucht man keine Gemeinschaft. Gott hat mich erschaffen, daran muss man glauben.

∼

Du zeigst mir den Weg,
der zum Leben führt.
Du beschenkst mich mit Freude,
denn Du bist bei mir.

(Ps 16)

KINDERFREUDEN

Schwester Maria-Imelda, Jahrgang 1939.
1959 trat sie in den Orden ein.

~

Schwester Maria-Imelda, wie kam es zu der Entscheidung, ins Kloster zu gehen?
Ich fühlte mich von Gott berufen, in eine Gemeinschaft einzutreten.
Als ich mit achtzehn das Buch von Wilhelm Hünerman über Vinzenz
von Paul las, hat es mich so sehr berührt, dass ich mich ganz bewusst
für diesen Orden entschieden habe. Im Orden habe ich gesagt, dass ich
mit Kindern arbeiten möchte, aber nicht im Kindergarten, sondern mit
armen Kindern, wie ich es aus dem Buch von Vinzent kannte. Sie sagten mir, dass ich nach dem Eintritt diesen Beruf erlernen könnte, das
war der Beruf der Heimerzieherin. Die Kinder im Heim waren ja fast
immer arm dran, aus zerrütteten Familien, einige wurden misshandelt.

Welche Arbeit haben Sie gemacht und wo war das?
Ich bin den Weg gegangen, der für alle Kandidatinnen gleich ist: Nach
der Einkleidung durchläuft man verschiedene Stufen, man lernt bei-
spielsweise Nähen und Hauswirtschaft. Dann folgen zwei Jahre im
Noviziat, ein Jahr im Mutterhaus und ein Jahr »draußen«, wie wir die
Welt außerhalb des Ordens nennen. Ich arbeitete zehn Monate in einer

Heimschule, bevor wir uns im Mutterhaus wiedertrafen, um uns acht Wochen lang auf das Ordensgelübde vorzubereiten. Nach der Profess wurde ich in ein Kinderheim entsandt, erkrankte aber an Hepatitis und musste die Ausbildung für eine Weile unterbrechen. Nach meiner Genesung begann ich in einem Kinderheim in Günterstal zu arbeiten, wo fast 140 Kinder lebten. Meine Gruppe bestand aus etwa 20 Buben, die aus schwierigen Familienverhältnissen stammten, zum Teil misshandelt worden waren und Verhaltensauffälligkeiten zeigten. Die Buben waren in allen Altersstufen, manche gingen noch in den Kindergarten, andere schon in die Realschule. Das Jugendamt schickte sie zu uns, und obwohl die Gruppen oft schon zu groß waren, kamen immer wieder neue Kinder dazu. Die Beamten mussten natürlich eingreifen, wenn sie von einem Kind in Not erfuhren. Was hätten sie denn tun sollen? Für die Kinder war das in jedem Fall besser, auch wenn es bei uns eng zuging. Wenn sich die Situation in der Familie verbessert hatte, kamen die Kinder wieder nach Hause. Leider gab es manche, die nach ein paar Wochen wieder dastanden, weil die Situation sich nur kurzzeitig verbessert hatte.

In einer Einrichtung des Ordens, in der ich später arbeitete, setzten wir das so genannte Familiensystem um, lebten also in einem Heim mit Bewohnern aus allen Altersklassen, vom Säugling bis zum Lehrling. Einmal versorgte ich ein Baby, das die Mutter nach der Geburt gar nicht sehen wollte. Es brach mir beinahe das Herz. Nach fünf Monaten wurde das Baby zur Adoption freigegeben. Ich spürte einen Verlust. Solche Momente waren immer wieder schlimm, denn die Kinder wuchsen einem ans Herz. Man hatte immer mit ihnen zu tun, beinahe rund um die Uhr, wie eine Mutter. Die anderen Kinder, die besuchten die Schule oder verbrachten den Vormittag im Kindergarten, aber die Babys hatte man immer um sich. Und das empfand ich als wundervoll. Ich pflegte unter anderem ein Baby, das sehr früh zur Welt gekommen war. Der Arzt riet mir: »Egal wann es schreit, bei Tag oder bei Nacht: immer etwas zu trinken geben«. Diese Anweisung habe ich beherzigt, bestimmt ein Jahr lang, und wie ich erleichtert beobachtete, entwickelte sich der Säugling prächtig. Auch dieses Baby wurde schließlich von Pfegeeltern adoptiert. 18 Jahre lang betreute ich Kinder in diesem Heim, und es machte mir vom ersten bis zum letzten Tag große Freude. Es kommt nicht so sehr darauf an, ganz viel zu machen, immerzu etwas zu unternehmen, sondern Freude zu schenken.

Was haben Sie in Ihrer Freizeit gemacht?

Ich fahre gerne Rad, wandere oder gehe schwimmen, vor allem am Wochenende schwimme ich. Ist das Wetter nicht so schön, wandere ich, aber ich bin immer allen anderen zu schnell. Meine Schritte sind zu lang und zu temporeich, darum mag mich keine der anderen Schwestern begleiten.

Was ist gut daran, in einem Orden zu leben?

Es ist gut, wenn man sich berufen fühlt. Jemand anderem zuliebe kann man das nicht machen. Man muss seine Aufgaben im Ordensleben kennen, sie gerne erfüllen. Mir kommen immer viele Ideen bei der Arbeit. Ich bin dankbar, dass mir der Orden die Wahl meines Berufes überlassen hat. Wie man dann mit den Schwestern im Orden auskommt? Unterschiedlich. Alle vier Wochen ziehen wir beim Essen ein Namenskärtchen, damit wir wissen, wer neben einem am Tisch sitzt. So lernt man auch die zurückhaltenden Gemüter kennen.

Fühlen Sie sich manchmal einsam?

Es gibt Momente, in denen man alleine ist, denn manchmal will man etwas nicht mit anderen Schwestern besprechen. Aber einsam? Wenn man sich von Gott berufen fühlt, bedeutet einem Gott so viel, dass man viel mit ihm bespricht. Bei Gott kommt man immer an. Deshalb ist Einsamkeit kein Problem. Gott kann man immer alles anvertrauen.

Was waren glückliche Momente in Ihrem Leben?

Oh je, das waren viele! Ich bin glücklich, wenn ich morgens aufwache, weil es mir so gut geht. Es gibt so viele, denen es nicht gut geht, körperlich oder psychisch. Dann denke ich: »Wie gut geht es mir!« und ich sage Dank. Vieles macht mich glücklich am Tag. Wenn ich morgens über den Hof gehe, dann sehe ich eine Linde. Als der Baum frisch ausgeschlagen hat im Frühling, war er hellgrün. Es macht mich so glücklich, dass ich singen könnte: »Früh morgens, wenn die Hähne krähen, der liebe Gott geht durch den Wald.« Und immer, wenn ich Freude schenken kann, ist das für mich Glück. Vor allem wenn es Schwestern sind, die im Rollstuhl sitzen oder dement sind.

Gab es Momente, wo Sie mit Gott gehadert haben?

Gehadert, der Ausdruck geht zu weit, doch als ich noch mit den Kindern gearbeitet habe, plagten mich oft Bedenken, wenn die Kinder wieder zurück in ihre Familien kommen sollten. Familien, in denen sie zuvor misshandelt worden waren! Ich fand das sehr gewagt und durchlebte schwierige Tage. Einmal pflegte ich ein Baby, das schon im vierten Monat geboren worden war, unter Spasmen litt und leicht behindert war. Wir haben uns sehr um dieses Kind bemüht, und es war wichtig, dass es Freude erfuhr. Als das Mädchen älter wurde, vertrat ich die Ansicht, dass das Kind entwicklungsfähig war, konzentriert spielen konnte und vieles mehr. Für dieses Kind war es wichtig, unter gesunden Kindern zu leben, die es mögen, mit ihm lachen. Ich hatte einen Fahrradsitz für sie hinten drauf, bin mit ihr häufig geradelt, habe mit ihr gesungen. Der Heimleiter aber wollte das Kind partout in eine Behinderteneinrichtung geben. Ich war dagegen, doch das Jugendamt, der Vormund, schloss sich der Meinung des Heimleiters an. Ich hatte keine Kompetenzen. Es fiel mir sehr schwer, dies zu akzeptieren. Meine Einwände änderten nichts: Das Mädchen kam in eine Behinderteneinrichtung. Ich habe sie immer wieder besucht.

Wenn Sie zurückschauen, wie würden Sie Ihr Leben beschreiben?

Es war ein erfülltes Leben, nicht ohne Anstrengung, aber ein erfülltes Leben.

Wenn Sie noch mal von vorne anfangen könnten, was würden Sie anders machen?

Ich würde es wieder so machen. Man kann mit Kindern vieles unternehmen – und ich glaube einfach an Gottes Begleitung in allem. Ich möchte von einem Beispiel erzählen: Während einer Radtour saß das Mädchen, von dem ich eben erzählte, bei mir hinten drauf. Weil sie an diesem Tag quengelte, dachte ich, dass sie vielleicht besser bei meiner Mitarbeiterin mitfährt. So haben wir unsere Passagiere getauscht. Das Kind, das ich nun transportierte, litt wegen der Misshandlungen durch seine Mutter unter Epilepsie und musste deshalb immer einen Sturzhelm tragen. Wir kamen über eine Schotterstraße, wir fuhren ganz langsam, doch plötzlich löste sich der Kindersitz aus seiner Verankerung! Das Kind fiel herunter. Weil es den Sturzhelm trug, ist nichts passiert. Welch eine Fügung. Deshalb sage ich: Ich vertraue auf Gottes Schutz und seine Begleitung.

Viele Menschen finden heutzutage keinen Sinn in ihrem Leben. Was ist wichtig für ein erfülltes Leben?

Wenn es einem gut geht, ist dies ein Geschenk. Dankbarkeit ist wichtig. Viele verlangen zu viel und nehmen den Tag nicht so, wie er einem geschenkt wird. Man darf seine Erwartungen nicht so hoch schrauben. Es gibt so viel Schönes, woran man sich erfreuen kann.

Was ist das Wichtigste im Leben?

Dass ich mich von Gott jeden Tag angenommen fühle, so wie ich bin.

~

KLEINE OASEN

Schwester Paterna, Jahrgang 1940.
Sie ist Ordensschwester seit ihrem 23. Lebensjahr.

~

Schwester Paterna, wie kam es zu der Entscheidung, ins Kloster zu gehen?

Ich absolvierte die Frauenfachschule und arbeitete danach in einem Arzthaushalt mit vier Kindern. Eines der Kinder war pflegebedürftig. Ich war bereits 19, und meine Eltern machten Druck: Ich sollte mich endlich für einen Beruf entscheiden. Ich entschloss mich, als Stations-mädchen im Krankenhaus anzufangen. Auf der Station wirkten Vin-zentinerinnen. Ihre Art, sich um die Kranken zu kümmern, hat mir imponiert, sie zog mich an. Auch die Idee, zu einer klösterlichen Ge-meinschaft zu gehören, fand ich verlockend, ganz im Gegensatz zu meiner Familie. Auch als ich längst eingetreten war, versuchten sie im-mer wieder, mich umzustimmen. Doch ich blieb.

Welche Arbeit haben Sie gemacht und wo war das?

Ich wurde Krankenschwester. Nach der Ausbildung übernahm ich Nachtwachen und half auf der Intensivstation, insgesamt 16 Jahre. Dann versetzte man mich nach Mannheim, aber dort fühlte ich mich nicht wohl, in diesem Riesenkonvent mit 140 Schwestern. Zum Glück blieb ich nicht lange, wurde erneut versetzt und musste noch mal neu dazulernen, weil ich in den Operationssaal kam. Schon als Schwestern-schülerin hatte es mir gut im OP gefallen. Ich blieb 23 Jahre lang.

Im OP ist der Zusammenhalt des Teams ganz entscheidend: Jeder Einzelne muss ins Team passen, man geht gemeinsam durch dick und dünn, teilt Freude und Leid. Ich war vorwiegend im Bereich Urologie und Gynäkologie tätig. Meine Chefs, die Schwester, die OP-Pfleger, wir haben gut zusammengearbeitet. Es ist gut, wenn auch Männer dabei sind, die reinigen etwas die Luft. Die Arbeit ist zwar hart, aber sie bietet auch viele Entfaltungsmöglichkeiten. Im vergangenen Jahr war es für mich aus gesundheitlichen Gründen nicht möglich, weiterzuarbeiten. Die Generaloberin rief mich an, um mir mitzuteilen, dass sie hier ein Plätzchen für mich hätten, an der Pforte. Die Klinik, den OP und außerdem den Wohnort zu verlassen, das war sehr schwierig für mich. Es ist, als ob einem ein Stück aus der Seele gerissen wird. Manchmal fühle ich noch immer Heimweh. Andererseits fand ich es gut, wieder mal etwas anderes zu beginnen. Eine Aufgabe ist gut, man grübelt nicht so viel.

Was haben Sie in Ihrer Freizeit gemacht?

Wenn man Dienst im OP hat, kann man nicht pünktlich um vier Feierabend machen. Was ansteht, muss erledigt werden. Es gibt viele Notfälle. Aber nach dem 65. Lebensjahr habe ich keine Bereitschaftsdienste mehr übernehmen müssen. In meiner Freizeit gärtnerte ich auf meiner riesigen Terrasse, zusammen mit meiner lieben Schwester Camilia. Es war unsere kleine Oase.

Was ist gut daran, in einem Orden zu leben?

Man hilft sich gegenseitig. Es ist wie in einer Ehe, ein Geben und Nehmen. Man geht ja nicht in den Orden, um zu arbeiten, sondern für sein Seelenheil.

Fühlen Sie sich manchmal einsam?

Solange ich im Orden bin, haben mich liebe Menschen begleitet und oft ein Stück geführt. Auch meinen Eltern habe ich viel zu verdanken. Sie haben immer gesagt: »Egal was ist, unsere Tür ist immer für dich offen.« Im Kloster macht man ja auch Höhen und Tiefen durch. Und ich wusste, dass immer jemand für mich da ist. Und der da oben ist ja auch immer bei mir, in mir. Das tröstet mich, macht mich froh.

Was waren glückliche Momente in Ihrem Leben?
Es war immer ein schönes Gefühl, wenn mich jemand bei der Arbeit gelobt hat.

Gab es auch Momente, in denen Sie mit Gott gehadert haben?
Bevor ich als OP-Schwester anfing, durchlebte ich eine schwere Zeit, weil alles so unklar war. Ich hatte das Gefühl, dass die Generaloberin nicht wusste, was sie mit mir anfangen soll. Mir kamen Zweifel, ob ich mich richtig entschieden hatte, und haderte mit meinem Leben

Wenn Sie zurückschauen, wie würden Sie Ihr Leben beschreiben?
Ein dankbares Leben. Ich bin zufrieden mit dem, was ich habe.

Wenn Sie noch mal von vorne anfangen könnten, was würden Sie anders machen?
Ich würde es genau wieder so tun.

Viele Menschen finden keinen Sinn in ihrem Leben. Was ist wichtig für ein erfülltes Leben?
Man darf die Antenne nach oben nicht vergessen. Die meisten Leute wollen von religiösen Dingen nichts wissen, beschäftigen sich mit anderen, kurzlebigen Dingen. Wir dürfen nicht vergessen, dass unser Leben ein Geschenk Gottes ist.

Was ist das Wichtigste im Leben?
Für mich? Dass ich immer für den Menschen da bin, der meine Hilfe braucht.

EWIG

Schwester Gerlanda, 1940 geboren.
Ordensschwester seit dem 20. Lebensjahr.

~

Schwester Gerlanda, wie kam es zu der Entscheidung, in den Orden einzutreten?
Als ich zehn Jahre alt war, erkrankte meine Mutter sehr schwer. Ich
war die Älteste von fünf Mädchen und blieb im Haus, während meine
jüngeren Geschwister bei Verwandten untergebracht wurden. Zwei
Ordensschwestern halfen in dieser Zeit im Haushalt und versorgten
meine Mutter. Ihre Selbstlosigkeit hat mich als Mädchen fasziniert.
Damals wurde mir klar, dass ich Schwester werden wollte. Meine
Mutter wurde wieder gesund, was beinahe einem Wunder glich. Für
mich war es ein Fingerzeig, diesen Weg zu gehen. Für einige Jahre
rückte diese Idee etwas in den Hintergrund, aber weg war sie nie. Ich
war früh fertig mit der Schule, mit 13 schon, besuchte die Handelsschule und machte eine kaufmännische Ausbildung. An den Wochenenden habe ich in drei verschiedenen benachbarten Krankenhäusern
Sonntagsdienste erlebt und gespürt, dass es etwas Großes ist, für Kranke zu sorgen. Nach meiner Ausbildung wollte ich Krankenschwester
werden, doch es gab kaum Ausbildungsplätze. Ich musste Geld verdienen und damit meine Familie unterstützen.

Eine Blinddarmentzündung brachte mich eine Zeit lang ins Krankenhaus und abermals umsorgten mich Ordensschwestern. Ich spürte wieder diese Faszination. Als unser Pfarrer dazu einlud, Mädchenexerzitien im Mutterhaus der Vinzentinerinnen in Freiburg mitzumachen, meldete ich mich an und fuhr mit dem Zug hin. Diese Tage haben mir gefallen, aber ich wusste noch nicht, welcher Gemeinschaft ich mich anschließen soll. Ich entschloss mich für die Deutschordensschwestern in Passau. Mein Vater fand jedoch heraus, dass die Schwestern erst wieder nach Hause dürfen, wenn die Eltern schwer erkranken oder im Sterben liegen, und lehnte es ab. »Du kannst deinen Weg gehen«, sagte er, »aber in solch ein Kloster gehst du nicht. Dafür ziehe ich kein Kind groß«. Es fiel ihm schwer, mich gehen zu lassen, vielleicht auch deshalb, weil ich die Älteste war. Meine Mutter dagegen freute sich, weil sie selbst auch in eine Gemeinschaft hatte eintreten wollen, bevor sie meinen Vater kennenlernte.

Welche Arbeit haben Sie gemacht und wo war das?
1959 bin ich eingetreten, durchlief das Postulat und Noviziat. Die Einkleidung war schlimm für meinen Vater. Als wir in die Kirche eingezogen sind, damals noch ganz in weiß, wie zehn junge Bräute, hörte ich meinen Vater laut schluchzen. Ich dachte: »Wie kann er nur schluchzen, wo ich mich doch so freue!« Bei der Profess war meine Familie auch wieder dabei. Meine jüngste Schwester war untröstlich, weil ich acht Jahre nicht mehr nach Hause kommen durfte, so war das früher. Sie hat mich gebeten: »Du bleibst hier nicht! Du bleibst nicht in diesem Gefängnis!« Mein praktisches Noviziat absolvierte ich in der Krankenhausverwaltung. Es war genau die Art von Arbeit, die ich nicht wollte – Verwaltung! Aber sie brauchten eben auch Schwestern, die dafür eine Ausbildung hatten. Ich sah das Positive: Immerhin war ich nun in einem Krankenhaus und konnte, wenn ich frei bekam, die Patienten besuchen. Nach meiner Profess blieb ich weiterhin in der Verwaltung. In meiner Freizeit half ich, wo es nötig war: auf Station,

bei den Babys, in der Nachtwache, an der Pforte. Ausschließlich in der Verwaltung arbeiten, das wäre nichts für mich gewesen. So habe ich auch gelernt, wie ein Krankenhaus funktioniert.

Nach 13 Jahren wurde ich in eine Fachklinik versetzt, in der man eine Schwester als Sekretärin für den Chefarzt suchte. Zunächst habe ich mich dagegen gesträubt, weil ich fürchtete, dieses Fachlatein nicht zu beherrschen. Aber alle sagten, dass ich das schaffen würde, und sämtliche Eigenschaften, die ideal für diese Position sind, wurden mir bescheinigt. Die Generaloberin reiste eines Tages unangemeldet an, was ziemlich ungewöhnlich war. Ich wunderte mich, dass sich mir gegenüber alle so komisch verhielten, bis ich begriff, dass es um mich ging, dass sie hier war, um allen Beteiligten meine Versetzung beizubringen. Im Krankenhaus wollten sie nicht, dass ich gehe. Am nächsten Tag wurde ich ins Mutterhaus bestellt. Der Superior trank Kaffee mit mir, was ebenfalls seltsam war. Ich fragte ihn unverblümt: »Aha, Sie müssen mich jetzt angeln, oder?« Er erklärte mir, dass der Chef der Fachklinik viel Gutes getan hat, auch für unsere Schwestern. Ich dachte: »Neinsagen bringt mir auch keinen Segen«, denn dann hätte ich nicht Gehorsam geloben dürfen. Also erklärte ich mich einverstanden mit der Einschränkung, dass ich wieder gehen könne, wenn ich mit der Aufgabe komplett überfordert wäre. Das wurde mir versprochen. Nachdem ich meine Nachfolgerin in der Krankenhausverwaltung eingelernt hatte, trat ich meine neue Stellung an.

Als Termin wählte ich den 25. März, Maria Verkündigung, weil ich glaubte, dass mir an so einem besonderen Gedenktag der Neuanfang leichter gelingt. Meine Oberin und zwei Schwestern begleiteten mich in die Fachklinik. Es war kein leichter Start. Niemand konnte mich einweisen oder mir etwas beibringen. Ich litt unter Heimweh und hatte das Gefühl, der Aufgabe nicht gewachsen zu sein. In meinem Konvent fühlte ich mich auch nicht wohl, denn ich war mit Abstand die Jüngste unter vielen älteren Schwestern. Ich musste mich geradezu an Gott klammern und ihn um Hilfe bitten. An einem Samstag, ich erinnere mich genau, machte ich einen langen Spaziergang. Ich kam an einer Kirche vorbei, trat ein, setzte mich auf eine Bank und heulte mir die Seele aus dem Leib. Der Pfarrer sah mein Elend, sprach mich an und ich erzählte ihm alles. Er nahm mich mit ins Pfarrhaus. Bei Kaffee und Kuchen konnte ich mir alle Sorgen von der Seele reden, er hörte zu und ermutigte mich: »Sie packen das! Ich helfe Ihnen dabei.« Einmal wöchentlich besuchte er mich fortan. Er kam mir nicht mit frommen Sprüchen, die ich zu dieser Zeit gar nicht hätte ertragen können. Sein menschliches Verstehen, das half mir.

Im Laufe der Zeit lebte ich mich ein, bei der Arbeit und im Konvent. Dank vieler Fehler lernte ich schließlich alles. Während meiner Freizeit besuchte ich Patienten, der Chefarzt unterstützte dies sogar. Diese Kombination aus Büroarbeit und Hilfe am Krankenbett hat mich ausgefüllt. An den Wochenenden war ich bei den Schwerkranken oder Sterbenden. Ein großer innerer Friede erfüllt einen, wenn man diese Menschen begleitet, ihnen zuhört, einfach nur da ist. Neunzehn Jahre blieb ich in der Klinik, bis man mich wieder vor eine neue Herausforderung stellte. Die Generaloberin fragte mich, ob ich nicht bei einem einjährigen Kursus der Vereinigung der Ordensoberen in München teilnehmen möchte. In der Kirche suchte ich eine Antwort auf dieses Angebot und spürte, dass es gut wäre. Natürlich ging ich davon aus, dass die Generaloberin bereits alles mit meinen Vorgesetzten abgeklärt hatte. Als ich ihr mein »Ja« gab, erfuhr ich, dass sie mich gleich anmelden würde und ich nun meine Vorgesetzten darüber informieren müsste. Natürlich waren diese nicht glücklich, dass ich gehen wollte, aber weil ich bereits eine Nachfolgerin im Auge hatte und diese einlernen konnte, waren sie einverstanden.

Ich lebte also ein Jahr lang in München. Die ordensinterne Ausbildung hatte zum Kernthema, sich noch einmal neu auf sein Gelübde und auf das Ordensleben nach dem Zweiten Vatikanischen Konzil einzulassen, aber wir lernten auch Kirchengeschichte und anderes mehr. Eine Aufgabe bestand darin, sich eine geistliche Begleitung zur Seite zu stellen. Mit 53 Jahren gar nicht so einfach. Es war wieder ein

25. März, als die Generaloberin mir mitteilte, dass sie mich als Ökonomin gewinnen möchte. Wieder eine Überraschung! Wieder war ich in der Situation, eine Aufgabe nicht ablehnen zu können, weil ich Gehorsam gelobt hatte. Man versprach mir, dass ich für vier Monate bei einer Ökonomin in Paderborn in die Lehre gehen könnte, um Einblick über Geldanlagen zu bekommen. Erst mal sollte ich vier Wochen Urlaub machen. In der Zwischenzeit wurde eine neue Generaloberin gewählt.

Als ich aus dem Urlaub zurückkam, wurde ich vertröstet. Erst mal soll ich doch nicht nach Paderborn fahren, hieß es. Mir schwante etwas: Meine Vorgängerin sollte mich einlernen, was sie aber nach einem Vierteljahr noch immer nicht tat. Sie konnte ihre Aufgaben einfach nicht abgeben. Sie wollte bleiben. Ich bat die Generaloberin um eine Versetzung oder darum, das Problem dem Generalrat vorzutragen. Nach einigen Tagen wurde ich gerufen und gefragt, ob ich noch bereit wäre, die Stelle zu beginnen. Der Generalrat hatte getagt, meine Vorgängerin bekam eine neue Aufgabe in einem anderen Haus des Ordens. Ich war gezwungen, mir alles selbst beizubringen, bekam aber Unterstützung vor allem von der Verwaltung und auch von den Banken. Zwölf Jahre blieb ich in dieser Position, dann wurde ich selbst zur Generaloberin gewählt. Es ist wieder ein ganz neues Aufgabengebiet, das ich jetzt seit über vier Jahren ausfülle. »Es ist egal, was Sie tun, die Hauptsache ist, dass Sie es aus Liebe zu Gott tun«, sagte unser früherer Spiritual einmal zu mir, und das trifft es genau.

Was haben Sie in Ihrer Freizeit gemacht?

Jetzt bin ich ziemlich gefordert in meiner Position, aber früher konnte ich mir schon freie Zeit nehmen. Den Sonntag versuche ich mir freizuhalten und jeden Tag auch genügend Zeit für das Gebet. Das sind für mich notwendige Tankstellen, um wieder Kraft zu schöpfen. Im Urlaub bin ich meistens bei meiner Familie und verbringe meine Zeit mit meinen Großneffen und -nichten. Da kann ich mich prima erholen. Ich mag Kinder sehr.

Was ist gut daran, in einem Orden zu leben?

Es ist spannend und ich möchte nicht anders leben. Es gibt Höhen und Tiefen, aber die Führung Gottes habe ich immer gespürt. Oft habe ich Fügungen erlebt, wenn mir ein Mensch begegnete, der mir half. Die Gemeinschaft, sei es im Gebet oder im Zusammensein, war mir immer ganz wichtig. Ich habe diesen Weg freiwillig gewählt. Ich hätte ja auch wieder gehen können. Als mein Vater im Sterben lag und ich ihn nach acht Jahren zum ersten Mal wiedersah, sagte er: »Du musst nicht ausharren, wenn es dir nicht gefällt. Du kannst jederzeit wieder nach Hause kommen.« Ich wunderte mich, dass er das sagte. Es gab mir zu denken. Ich stand kurz vor der Ewigen Profess, was bedeutet, dass man nach sechs Jahren zeitlicher Profess im Orden die Gelübde auf Lebenszeit ablegt. Darauf wird man sechs Wochen lang vorbereitet. Vaters Aussage trieb mich um. Ist das nun mein Weg oder nicht, fragte ich mich? Der Schwester, die uns vorbereitete, vertraute ich meine Zweifel an. Sie sagte, ich solle Vertrauen haben, solche Zweifel gäbe es oft in dieser Situation. Als das Wort »ewig« dann ausgesprochen war, ging es mir wieder gut. Es war eine Prüfung. Ich muss immer an meinen Heimatpfarrer denken, der zu mir sagte, als ich in den Orden eingetreten bin: »Du lässt dich auf ein großes Abenteuer ein.« Er hatte recht, es ist ein Abenteuer.

Fühlen Sie sich manchmal einsam?

In der jetzigen Aufgabe ist man oft allein, weil einem vieles anvertraut wird, über das man mit niemand sprechen kann. Wenn man eine große Verantwortung trägt, ist man Kritik ausgesetzt. Aber vereinsamt fühle ich mich nicht, denn ich habe eine persönliche Christusbeziehung. Ich kann alles vor Gott hintragen und kann Vertrauen haben. Es ist nur wichtig, auf diesem Weg zu bleiben, den Weg ganz und ausschließlich mit ihm zu gehen. Da wird Nachfolge ganz konkret. Sehr wichtig ist deshalb, mir täglich die stille Zeit zu nehmen, egal was es alles zu tun gibt.

Was waren glückliche Momente in Ihrem Leben?

Jene Momente, in denen ich spüre, dass andere sich freuen, dass man ihnen etwas Gutes tun konnte. Wenn ich dazu beitragen kann, dass die Schwestern Schönes erleben, dass es ihnen gut geht. Das Leben und den Glauben miteinander zu teilen, ist für mich wichtig. Ein ganz bedeutendes Erlebnis war es auch, dass ich meine Vorgängerin als Ökonomin – mit der es starke Spannungen gab –, begleiten konnte, als sie schwer erkrankt war. Wir versöhnten uns. Sie bat sogar darum, dass ich ihr im Sterben beistehe. Ich bin überzeugt, dass sie gut sterben konnte. Darum geht es: zu helfen, wo es möglich ist, Gottes Werkzeug zu sein. Das macht das Leben lebenswert. Das Gefühl, dass Gott mich an den richtigen Platz gestellt hat, macht mich froh im Herzen.

Gab es auch Momente, in denen Sie mit Gott gehadert haben?

Sicherlich gab es schwere Momente, in denen ich zweifelte und mich fragte, ob es der richtige Weg ist, gerade weil ich Kinder so mag. Ich habe schon eine Weile gelitten. Wichtig war es, dass ich mit meinem Spiritual darüber sprechen konnte. Wenn ich die Konflikte für mich behalten und mich abgekapselt hätte, dann hätte ich gewiss Schiffbruch erlitten. Und furchtbar war es für mich, dass ich nicht dabei sein konnte, als meine Mutter starb. Das ging ganz schnell. Als ich dann das erste Mal wieder nach Hause kam, habe ich erst begriffen, dass sie nicht mehr da ist. Dann erst begann die Trauerarbeit. Es ist einfacher, wenn man beim Sterben dabei sein und Beistand leisten kann, als wenn jemand Vertrautes plötzlich weg ist.

Wenn Sie zurückschauen, wie würden Sie Ihr Leben beschreiben?

Es war mein Weg, ganz im Plan Gottes, immer geführt von ihm, mal mehr und mal weniger. Ein Weg, den es sich zu gehen lohnt.

Wenn Sie noch mal von vorne anfangen könnten, was würden Sie anders machen?

Ich würde den Weg wieder so gehen. Es war und ist ein spannender

Weg, eine gute Mischung. Ich bin dankbar für den Glauben, den ich habe, der gewachsen ist im Laufe der Jahre. In meinem Leben wäre manches bitter gewesen, wenn ich nicht gewusst hätte, ich kann es Gott überlassen. Es ist so wichtig, schon gleich am Morgen die Verbindung, die Beziehung zu Gott zu pflegen. Das ermöglicht einen ganz anderen Einstieg in den Tag. Ich könnte es mir anders gar nicht vorstellen. Gerade in schweren Zeiten hörte ich im morgendlichen Gottesdienst einen Satz, durch den ich mich persönlich angesprochen fühlte. Das ist großes inneres Glück.

Viele Menschen finden keinen Sinn in ihrem Leben. Was ist wichtig für ein erfülltes Leben?
Man muss Vertrauen haben in Gott und in die Menschen, man darf sich geliebt und angenommen fühlen. Es gilt gerade den Jüngeren zu vermitteln, dass es noch etwas Größeres gibt, nicht nur all diese materiellen Dinge, die so erstrebenswert erscheinen.

Was ist das Wichtigste im Leben?
Für mich ist es wichtig, dass meine Beziehung zu Gott stimmt, aber auch die Beziehung zu meinen Mitmenschen. Durch gegenseitige Achtung, durch Wertschätzung und gegenseitiges Annehmen. Wichtig ist auch, dass man sich freuen kann. »Die Freude an Gott, halleluja, ist unsere Kraft. Halleluja.«

~